Ratgeber Misshandlung und Vernachlässigung

Ratgeber Kinder- und Jugendpsychotherapie
Band 28

Ratgeber Misshandlung und Vernachlässigung

Jun.-Prof. Dr. Miriam Rassenhofer, Dr. Oliver Berthold, Dr. Andrea Kliemann
Prof. Dr. Ute Ziegenhain, Prof. Dr. Jörg M. Fegert, Dr. Ulrike Hoffmann

Die Reihe wird herausgegeben von:

Prof. Dr. Manfred Döpfner, Prof. Dr. Dr. Martin Holtmann,
Prof. Dr. Paul Plener

Die Reihe wurde begründet von:

Manfred Döpfner, Gerd Lehmkuhl, Franz Petermann

Miriam Rassenhofer
Oliver Berthold
Andrea Kliemann
Ute Ziegenhain
Jörg M. Fegert
Ulrike Hoffmann

Ratgeber Misshandlung und Vernachlässigung

Informationen für Eltern, Lehrkräfte und weitere Bezugspersonen

hogrefe

Jun.-Prof. Dr. Miriam Rassenhofer, geb. 1983. Seit 2018 W1-Professur für Lehre, Dissemination und Vernetzung im Kinderschutz an der Universität Ulm.

Dr. med. Oliver Berthold, geb. 1980. Seit 2016 Ärztlicher Leiter der Kinderschutzambulanz der DRK Kliniken Berlin | Westend. Seit 2017 zusätzlich tätig für die Medizinische Kinderschutzhotline in Kooperation mit der Klinik für Kinder- und Jugendpsychiatrie/Psychotherapie des Universitätsklinikums Ulm.

Dr. jur. Andrea Kliemann, geb. 1977. Seit 2020 Wissenschaftliche Mitarbeiterin am Universitätsklinikum Ulm, Klinik für Kinder- und Jugendpsychiatrie/Psychotherapie und Lehrbeauftragte für Kinder-, Jugend- und Familienrecht im Studiengang Soziale Arbeit an der Hochschule Bremen.

Prof. Dr. Ute Ziegenhain, geb. 1956. Seit 2006 Leiterin der Sektion Pädagogik, Jugendhilfe, Bindungsforschung und Entwicklungspsychopathologie an der Klinik für Kinder- und Jugendpsychiatrie/Psychotherapie des Universitätsklinikums Ulm.

Prof. Dr. med. Jörg M. Fegert, geb. 1956. Seit 2001 Ärztlicher Direktor der Abteilung für Kinder- und Jugendpsychiatrie/Psychotherapie des Universitätsklinikums Ulm.

Dr. Ulrike Hoffmann, geb. 1974. Seit 2017 Leitung der Arbeitsgruppe „Wissenstransfer, Dissemination, E-Learning" an der Klinik für Kinder- und Jugendpsychiatrie/Psychotherapie des Universitätsklinikums Ulm.

Bibliografische Information der Deutschen Nationalbibliothek
Die Deutsche Nationalbibliothek verzeichnet diese Publikation in der Deutschen Nationalbibliografie; detaillierte bibliografische Daten sind im Internet über http://dnb.dnb.de abrufbar.

Hogrefe Verlag GmbH & Co. KG
Merkelstraße 3
37085 Göttingen
Deutschland
Tel. +49 551 999 50 0
Fax +49 551 999 50 111
info@hogrefe.de
www.hogrefe.de

Umschlagabbildung: © stock.adobe.com / Rawf8
Satz: Michael Kleine, Hogrefe Verlag GmbH & Co. KG, Göttingen
Druck: mediaprint solutions GmbH, Paderborn
Printed in Germany
Auf säurefreiem Papier gedruckt

1. Auflage 2022

(E-Book-ISBN [PDF] 978-3-8409-2712-6; E-Book-ISBN [EPUB] 978-3-8444-2712-7)
ISBN 978-3-8017-2712-3
https://doi.org/10.1026/02712-000

Zielsetzung des Ratgebers

Ist es möglich, zum Thema Kindesmisshandlung und Vernachlässigung einen Ratgeber zu schreiben, der neben pädagogischen Fachkräften auch die Eltern – und somit in vielen Fällen die misshandelnden und vernachlässigenden Personen selbst – adressiert?

Diese Frage beschäftigte unsere Autor*innengruppe lange. Es gab Diskussionen und unterschiedliche Lösungsansätze. Am Ende waren wir uns dann aber einig: Eltern zu diesem Thema anzusprechen, die möglicherweise auch an der Misshandlung oder Vernachlässigung beteiligt sind, ist eine Herausforderung, gleichzeitig jedoch eine Chance. Zu vermitteln, dass Misshandlung und Vernachlässigung häufig aus Überforderungs- und Belastungssituationen heraus entstehen, und gleichzeitig die negativen Auswirkungen auf die betroffenen Kinder und Jugendlichen, aber auch die Hilfe- und Unterstützungsmöglichkeiten darzustellen, kann dazu beitragen, dass Eltern selbst, aber auch Personen im Umfeld von Kindern und Jugendlichen ihr Verhalten überdenken, ins Handeln kommen und Hilfe und Unterstützung suchen. Denn dies war schnell klar: Zusätzlich zu den Eltern sahen wir es bei diesem Thema als unerlässlich an, das Umfeld von Kindern und Jugendlichen mit anzusprechen. Pädagogische Fachkräfte, aber auch Großeltern, Tanten und Onkel, Nachbar*innen, Sporttrainer*innen und Chorleiter*innen, alle, die beruflich, ehrenamtlich oder privat mit Kindern und Jugendlichen zu tun haben, sind Zielgruppe dieses Ratgebers.

Kindesmisshandlung und Vernachlässigung betreffen viele Kinder und Jugendliche unterschiedlichen Alters in allen Gesellschaftsschichten. Die belastenden Erfahrungen können deutlich negative Auswirkungen auf die betroffenen Kinder und Jugendlichen haben. Um die gefährdenden Situationen zu beenden und die Kinder und Jugendlichen zu schützen, braucht es unterstützende Erwachsene in ihrem Umfeld. Viele Erwachsene reagieren jedoch verständlicherweise verunsichert, wenn der Verdacht auf Misshandlung oder Vernachlässigung aufkommt. Welche Reaktion auf einen solchen Verdacht ist angemessen? Welche Schritte kann, darf oder sollte man gehen? Welche Hilfen und Anlaufstellen gibt es? Was brauchen betroffene Kinder und Jugendliche?

Diese und weitere Fragen werden im Ratgeber beantwortet. Er soll somit dazu beitragen, dass Erwachsene im Umfeld betroffener Kinder und Jugendlicher sich dem Thema Misshandlung und Vernachlässigung stellen, aufmerksamer werden, sich gegebenenfalls Hilfe holen und handeln.

Im Folgenden werden zunächst die verschiedenen Formen der Kindesmisshandlung und Vernachlässigung beschrieben. Zudem wird erläutert, wie es dazu kommen kann, dass Kinder und Jugendliche misshandelt oder vernachlässigt werden. Weiterhin werden mögliche Folgen und Hinweise auf Misshandlung und Vernachlässigung sowie die rechtlichen Rahmenbedingungen des Kinderschutzes dargestellt. Handlungsempfehlungen, die sich aus diesen rechtlichen Regelungen ergeben, werden formuliert und das nicht so einfach zu durchschauende deutsche Hilfesystem mit seinen verschiedenen Beteiligten, wie etwa Psychotherapeut*innen, Beratungsstellen, medizinischen Einrichtungen, Jugendamt bis hin zu den Strafverfolgungsbehörden vorgestellt. Das Ziel ist, Erwachsene zu ermutigen, aufmerksam zu sein und gut auf die Kinder und Jugendlichen in ihrem Umfeld zu achten, ihnen aus der gefährdenden Situation herauszuhelfen und sie gegebenenfalls im Anschluss auf dem Weg der Bewältigung angemessen zu unterstützen.

Der Ratgeber ist Bestandteil der Reihe „Leitfaden Kinder- und Jugendpsychotherapie“ und soll den entsprechenden Band unserer Autor*innengruppe (Rassenhofer, Hoffmann, Hermeling, Berthold, Fegert & Ziegenhain, 2020) ergänzen, welcher sich an Fachleute richtet.

Ulm und Berlin, Oktober 2021

Miriam Rassenhofer,
Oliver Berthold,
Andrea Kliemann,
Ute Ziegenhain,
Jörg M. Fegert und
Ulrike Hoffmann

Inhaltsverzeichnis

1 Was ist Misshandlung/Vernachlässigung?

Es gibt verschiedene Formen von Misshandlung und Vernachlässigung. Diese sind: Körperliche Misshandlung, emotionale Misshandlung, Vernachlässigung und sexueller Missbrauch.

Körperliche Misshandlung

Körperliche Misshandlung ist die gezielte Anwendung von körperlicher Gewalt gegen Kinder oder Jugendliche, die zu körperlichen Verletzungen führt oder dazu führen kann. Dies umfasst Handlungen, wie z. B. Schlagen, Schubsen, Treten, Beißen, Verbrennen oder Verbrühen. Die Misshandlungen können zu Verletzungen wie Hämatomen (Blutergüssen), Hautabschürfungen, Riss- und Quetschwunden, Knochenbrüchen, Verbrennungen und Verbrühungen der Haut bis zu schweren inneren Verletzungen (z. B. inneren Blutungen im Bauchraum, Milzriss) führen.

Eine Sonderform körperlicher Misshandlung ist das Schütteln von Babys und Kleinkindern, welches zum sogenannten Schütteltrauma-Syndrom führen kann. Beim Schütteltrauma-Syndrom kommt es aufgrund der Schüttelbewegungen des Kopfes zu Blutungen im Gehirn, welche schwere, zum Teil bleibende Schädigungen des Gehirns zur Folge haben können.

Emotionale Misshandlung

Emotionale Misshandlung ist ein Elternverhalten, welches Kindern und Jugendlichen kontinuierlich vermittelt, dass sie wertlos, fehlerbehaftet, ungeliebt, ungewollt oder unnütz sind. Dies kann Kindern und Jugendlichen psychischen oder emotionalen Schaden zufügen. Die emotionale Misshandlung umfasst Verhaltensweisen, wie z. B. Terrorisieren, Einsperren, Herabsetzen, Demütigen und Unterbinden von Kontakten zu anderen.

Vernachlässigung

Unter Vernachlässigung wird die mangelnde Erfüllung der grundlegenden Bedürfnisse der Kinder bzw. Jugendlichen verstanden. Vernachlässigung kann verschiedene Aspekte umfassen:

- Körperliche Vernachlässigung: Körperliche Bedürfnisse, wie etwa Ernährung, Kleidung und Hygiene, werden nicht oder nur unzureichend erfüllt.
- Emotionale Vernachlässigung: Emotionale Bedürfnisse, wie etwa Zuwendung, sprachliche Interaktion und liebevoller Körperkontakt, werden nicht oder nur unzureichend erfüllt.
- Medizinische Vernachlässigung: Medizinische Notwendigkeiten, wie etwa angemessenes Verhalten, Versorgung und Hilfe bei Krankheiten oder das Wahrnehmen von Vorsorgeuntersuchungen (z. B. U-Untersuchungen, zahnärztliche Untersuchungen), werden nicht oder nur unzureichend erfüllt.
- Erzieherische Vernachlässigung: Erzieherische Notwendigkeiten, wie etwa entwicklungsfördernde Angebote, die Überwachung eines altersangemessenen Medienkonsums, werden nicht oder nur unzureichend erfüllt.

Auch unterlassene Beaufsichtigung ist eine Form von Vernachlässigung. Dazu gehört zum Beispiel, Kinder und Jugendliche einer gewalttätigen Umgebung oder einer gefährlichen bzw. altersentsprechend nicht förderlichen Situation auszusetzen, oder sie für eine ihrem Alter nicht angemessene Zeitdauer sich selbst zu überlassen.

Neben diesen verschiedenen Aspekten von Vernachlässigung kann bei der Einteilung noch danach unterschieden werden, ob diese Handlungen mit Absicht (aktive Vernachlässigung) oder unbeabsichtigt (passive Vernachlässigung) durchgeführt werden. Aktive Vernachlässigung meint, dass mit Absicht (wissentlich) Fürsorge und Beaufsichtigung unterlassen oder die Bedürfnisse des Kindes nicht wahrgenommen werden. Grund für die Vernachlässigung sind hier Haltungen der Eltern auf Basis von (religiösen) Traditionen oder bestimmten alternativen Lebenskonzepten oder Überzeugungen. Die wesentlich häufigere Form ist die passive Vernachlässigung. Ursachen sind hier kein oder ungenügendes Wissen über die Bedürfnisse des Kindes, mangelnde Einsicht, kognitive Defizite oder eingeschränkte Handlungsmöglichkeiten der Sorgeberechtigten (z. B. bei suchtkranken Eltern häufig kein stabiler Tagesrhythmus).

Sexueller Missbrauch[1]

Von sexuellem Missbrauch spricht man dann, wenn der Kontakt zwischen einem Kind bzw. einer oder einem Jugendlichen und einer missbrauchenden Person der sexuellen Befriedigung der missbrauchenden oder auch einer anderen Person dient. Missbrauchende Personen sind häufig Erwachsene, jedoch kann sexueller Missbrauch auch von minderjährigen Jugendlichen oder Kindern ausgehen, die entweder deutlich älter sind als das betroffene Kind oder in einer Position, in der sie Macht und Kontrolle über es haben. Kennzeichen sexuellen Missbrauchs ist in jedem Fall ein Machtgefälle zwischen der missbrauchenden Person und dem betroffenen Kind. Das Kind wird an einer sexuellen Handlung beteiligt, die es aufgrund seines Alters und/oder seines Entwicklungsstands noch nicht verstehen und somit auch nicht sein Einverständnis dazu geben kann.

Sexueller Missbrauch kann über direkten Körperkontakt geschehen. Hierzu gehören das unangebrachte Berühren und Streicheln des Kindes, Küssen, Reiben der Genitalien oder auch das Eindringen in Vagina, Anus oder Mund des Kindes mit dem Penis, Fingern, der Zunge oder Gegenständen.

Daneben gibt es auch sexuellen Missbrauch ohne direkten Körperkontakt. Einige Sexualstraftäter*innen befriedigen sich, indem sie ihre Genitalien vor einem Kind entblößen, oder indem sie Kinder dabei beobachten oder filmen, wie diese sich ausziehen. Auch sexuelle Übergriffe über neue Medien wie beispielsweise das sogenannte „Online-Grooming", bei dem in Chats Kinder oder Jugendliche angesprochen werden, um eine sexuelle Beziehung mit ihnen zu beginnen, stellen einen sexuellen Missbrauch dar und haben in den letzten Jahren durch die verbreitete Nutzung sozialer Netzwerke und digitaler Kommunikation zugenommen. In diesem Kontext wurden in jüngster Zeit auch immer mehr Fälle bekannt, in denen sexuelle Übergriffe an Kindern bzw. Jugendlichen gefilmt und über das Internet verbreitet und/oder Kinder bzw. Jugendliche im Internet zur Durchführung sexueller Gewalthandlungen an ihnen „angeboten" wurden.

1 Wir verwenden im Ratgeber den Begriff „sexueller Missbrauch", weil dieser in der Gesellschaft am geläufigsten ist. In der Fachsprache setzt sich immer mehr der Begriff „sexualisierte Gewalt" durch.

Diese verschiedenen Formen der Misshandlung und Vernachlässigung treten selten einzeln auf. Deutlich häufiger ist es der Fall, dass Kinder und Jugendliche von mehreren Formen gleichzeitig betroffen sind.

Neben den vorgestellten Formen von Misshandlung und Vernachlässigung gibt es zudem weitere schwerwiegende, sogenannte belastende Kindheitserfahrungen (aus dem Englischen: Adverse Childhood Experiences; ACE). Diese sind: häusliche Gewalt, Drogenmissbrauch in der Familie, psychische Erkrankung in der Familie, Trennung oder Scheidung der Eltern und Gefängnisaufenthalt eines Familienmitgliedes. Definiert wurden diese belastenden Kindheitserfahrungen im Rahmen einer Langzeitstudie zu gesundheitlichen und sozialen Folgen solcher Ereignisse (Felitti et al., 2007).

Auch wenn sich dieser Ratgeber mit Misshandlung und Vernachlässigung beschäftigt, sollten alle Personen, die mit Kindern und Jugendlichen im privaten oder beruflichen Kontext in Kontakt kommen, dafür sensibilisiert sein, dass es eine ganze Reihe belastender Erfahrungen im Leben von Kindern und Jugendlichen geben kann. Vor allem das geballte Auftreten solcher Erfahrungen, was relativ häufig ist, erhöht das Risiko für Langzeitfolgen. Auch weitere belastende Erfahrungen, wie etwa Mobbing, gehören dazu.

2 Wie kommt es dazu, dass Kinder und Jugendliche misshandelt oder vernachlässigt werden?

Misshandlung und Vernachlässigung finden überwiegend, aber nicht nur, in der Familie statt. Dabei handelt es sich um eine extreme Form gefährdenden Verhaltens eines Elternteils oder beider Eltern im Umgang mit ihrem Kind. Dies ist häufig der Fall, wenn Eltern sich in einer schwerwiegenden Überforderungssituation befinden, die gewöhnlich schon lange besteht. Dabei handelt es sich meist um vielfältigste Belastungen. Sie stehen im Zusammenhang mit belastenden Lebensereignissen, wie z. B. Trennung und Scheidung bzw. Alleinerziehen, hohen finanziellen Belastungen, mit fehlendem bzw. unzureichendem Einkommen, mit gesundheitlichen und psychischen Problemen, die nicht selten in die eigene Kindheit der Eltern zurückgehen können. Diese und ggf. weitere Belastungen stehen in Wechselwirkung miteinander und tragen somit zu der chronischen Überforderung bei. Dabei sind es eher die Begleiterscheinungen in ihrem Zusammenspiel, die Eltern so überfordern und belasten, dass es ihnen schwerfällt, damit umzugehen und Lösungen zu finden. Dazu gehören etwa stärkere finanzielle Belastung einer alleinerziehenden Mutter oder massive Paarkonflikte, oft bereits vor der Trennung von Eltern. Hinzu kommt dann, dass Eltern wenig Unterstützung haben, etwa durch ihre erweiterte Familie oder einen gut funktionierenden Freundeskreis, die sie konkret im Alltag, aber auch psychisch entlasten könnte.

Es ist gut nachvollziehbar und durch Forschung belegt, dass sich schwerwiegende Überforderungssituationen nahezu immer auch auf die Beziehungs- und Erziehungskompetenzen von Eltern auswirken. Wenn Eltern chronisch belastet oder erschöpft sind, sind sie emotional wenig zugänglich, können ihr Kind nur unzureichend beaufsichtigen, übersehen die Bedürfnisse ihres Kindes oder können sich schwer darauf einstellen, sind leicht gereizt und ungeduldig oder auch harsch oder aggressiv. Dabei ist der Übergang zu Verhalten, welches für Kinder bzw. Jugendliche akut oder auch längerfristig gefährdend ist, fließend. Dazu gehört etwa unzureichende körperliche oder gesundheitliche Versorgung, aber auch psychisch schädigendes Verhalten, das Kindern bzw. Jugendlichen vermittelt, ungeliebt, wertlos, minderwertig, ungewollt oder unnütz zu sein. Psychischer Schaden entsteht, wenn Kinder bzw. Jugendliche abgelehnt, gedemütigt oder verspottet werden, und ebenso, wenn sie eingeschüchtert und terrorisiert oder isoliert werden. Psychischer und körperlicher Schaden entsteht bei körperlicher Gewalt, wie etwa Schlagen, Treten oder Verbrennen bzw. Verbrühen.

Damit ist die grundlegende Aufgabe von Eltern berührt, für ihr Kind zu sorgen und es zu schützen. Diese Aufgabe ist biologisch und in unserer Stammesgeschichte angelegt. Kinder und Jugendliche sind auf enge Bindungsbeziehungen angewiesen, um sich gut zu entwickeln. Dies bedeutet, dass ihre Eltern emotional für sie verfügbar sind und sie verlässlich dabei unterstützen, ihr Verhalten und ihre Gefühle zu regulieren. Bindung gibt emotionale Sicherheit und reduziert Angst. Tatsächlich wird ein biologischer Mechanismus angenommen, der es im Sinne eines „Automatismus“ bereits Säuglingen ermöglicht, bei Belastung Nähe und Schutz bei ihren Bindungspersonen zu suchen. Damit verbunden ist eine innere Erregung, die erst im Kontakt mit einer Bindungsperson wieder abklingt. Im Verlauf der weiteren Entwicklung wird dann das Bedürfnis nach körperlicher Nähe zunehmend auch durch emotionale Nähe und durch innere, „gefühlte“ Sicherheit ergänzt. Das Bedürfnis nach Bindung ist ein menschliches Grundbedürfnis. Wenn Eltern aber diejenigen sind, die ihr Kind durch ihr Verhalten gefährden, hat es häufig Angst vor ihnen. Damit befindet es sich in einem unlösbaren emotionalen Konflikt: Der Mensch, der für seine emotionale Sicherheit und seinen Schutz verantwortlich ist, ist gleichzeitig der Mensch, der seine Angst verursacht. Dies ist ein unlösbarer Konflikt für ein Kind oder auch für Jugendliche.

Viele Eltern, die in ihren Beziehungs- und Erziehungskompetenzen überfordert sind, haben selbst schwierige Beziehungsvorerfahrungen in ihrer eigenen Kindheit gemacht. Sie haben ein tiefgreifendes Gefühl emotionaler Sicherheit nur begrenzt verinnerlichen können. Damit geht einher, dass sie sich Heraus- und Anforderungen nur eingeschränkt gewachsen fühlen. Es fällt ihnen häufig schwer, ihren Alltag zu bewältigen. Sie sind wenig belastbar und haben oftmals Schwierigkeiten, negative Impulse zu kontrollieren bzw. haben häufiger sogenannte Impulsdurchbrüche. Wiederkehrende Gefühle von Hoffnungslosigkeit können ihre Kompetenzen bremsen, schwierige Situationen zu bewältigen und Probleme zu lösen. Häufig haben sie Schwierigkeiten, Beziehungen zu anderen Menschen einzugehen oder anderen Menschen zu vertrauen. Damit ist die Annahme von Hilfe erschwert.

Unabhängig davon möchten viele Eltern das Beste für ihr Kind und sorgen sich zudem häufig, dass sie ihrer Elternverantwortung vielleicht nicht gewachsen sein könnten. Eltern mit eigenen schwierigen Vorerfahrungen, die selbst als Kind Vernachlässigung und Misshandlung erlebt haben, haben wie beschrieben ein höheres Risiko, ihre eigenen Kinder wiederum zu misshandeln oder zu vernachlässigen. Dennoch ist es wichtig, festzuhalten, dass es der Mehrheit gelingt, diese belastenden Erfahrungen eben nicht weiterzugeben und den Teufelskreis der Gewalt zu durchbrechen. Eine Befragung der deutschen Bevölkerung im Auftrag von UNICEF konnte zeigen, dass die Mehrheit der Erwachsenen, die mit körperlicher oder emotionaler Gewalt erzogen wurden, Körperstrafen als Erziehungsmethode ablehnt (Clemens, Sachser, Weilemann & Fegert, 2020).

Bei Überforderung gibt es Unterstützung durch Information, Beratung und Angebote vor Ort, die für Eltern niederschwellig erreichbar sind und die bei Bedarf auch in weitergehende Hilfen vermitteln. Mittlerweile bestehen in allen Kommunen in Deutschland lokale Netzwerkstrukturen, die insbesondere mit dem Aus- und Aufbau der sogenannten Frühen Hilfen etabliert und durch das Bundeskinderschutzgesetz verstetigt wurden. Dies bedeutet, dass die Fachkräfte vor Ort nicht nur ihre eigenen Angebote kennen, sondern auch zunehmend besser darüber informiert sind, welche Hilfen andere Stellen anbieten. Damit lassen sich Eltern besser erreichen und über mögliche Unterstützung und Hilfen informieren, unabhängig davon, ob diese etwa in der Kinderarztpraxis um Rat fragen, in der Kita oder sogar ganz früh bei der Familienhebamme. Erziehungs- und Familienberatungsstellen sind zudem Ansprechpartner, die Eltern auch selbstständig kontaktieren können. Sie unterstützen bei Erziehungsfragen bzw. Unsicherheiten und persönlichen Problemen oder Schwierigkeiten im Umgang mit dem Kind oder in der Familie, wie z.B. Trennung und Scheidung, und geben eine erste Orientierung in Krisensituationen. Dazu gehört ggf. auch, dass sie Eltern und/oder Kinder in psychotherapeutische Hilfen vermitteln oder in Hilfen, die Eltern weitergehend und intensiv in der Wahrnehmung ihrer Erziehungs- und Beziehungskompetenzen unterstützen. Hier bietet z.B. das Jugendamt im Rahmen der Kinder- und Jugendhilfe intensive Betreuung und Begleitung von Familien in ihren Erziehungsaufgaben und bei der Bewältigung von Alltagsproblemen, der Lösung von Konflikten und Krisen sowie im Kontakt mit Ämtern und Institutionen an. Diese und weitere Hilfen und Anlaufstellen sind in den Kapiteln 5 bis 7 sowie im Anhang auf Seite 61 bis 64 aufgeführt.

3 Welche Schwierigkeiten können Kinder und Jugendliche entwickeln, die Misshandlung oder Vernachlässigung erlebt haben?

Wenn Kinder und Jugendliche vernachlässigt, geschlagen oder gedemütigt und herabgesetzt werden, sind dies belastende und möglicherweise traumatische Erfahrungen. In der Folge kann das dazu führen oder mit dazu beitragen, dass betroffene Kinder und Jugendliche eine Reihe von Beschwerden, Schwierigkeiten oder Auffälligkeiten entwickeln.

3.1 Körperliche Folgen von Misshandlung und Vernachlässigung

Betrachtet man die direkten körperlichen Folgen, können das Verletzungen der Haut, Verbrennungen, Blutergüsse oder Knochenbrüche, aber auch innere Verletzungen sein. Dies hängt von der Art und Stärke der Gewalteinwirkung ab. Körperliche Folgen von Vernachlässigung sind beispielweise stark von Karies befallene Zähne schon bei kleinen Kindern, aber auch Mangelernährung oder Flüssigkeitsmangel, was vor allen Dingen bei Säuglingen sehr schnell auch lebensgefährlich werden kann. Eine weitere typische Folge von medizinischer Vernachlässigung ist beispielsweise Schwerhörigkeit durch wiederkehrende unbehandelte Mittelohrentzündungen.

Aus der Forschung zu belastenden Kindheitserfahrungen ist bekannt, dass Belastung und Stress, welche Kinder und Jugendliche durch Misshandlung und Vernachlässigung erfahren, auch dazu führen können, dass sie im längerfristigen Verlauf körperliche Beschwerden und Erkrankungen entwickeln, die bis ins Erwachsenenalter andauern können. Dazu gehören beispielsweise Erkrankungen des Immunsystems, des Herz-Kreislauf-Systems und Schmerzerkrankungen.

3.2 Psychische Folgen von Misshandlung und Vernachlässigung

Bei der Frage nach psychischen Folgen von Misshandlung und Vernachlässigung ist zunächst zu sagen, dass es keine speziellen Muster von Auffälligkeiten oder psychischen Störungsbildern gibt, die immer oder regelhaft auf Misshandlung oder Vernachlässigung folgen. Es gibt also kein „Misshandlungs- oder Vernachlässigungssyndrom“. Somit kann man auch nicht anhand von Auffälligkeiten oder Symptomen eindeutig darauf zurückschließen, was Kinder oder Jugendliche erlebt haben. Vielmehr ist es so, dass Kinder und Jugendliche als Folge von Misshandlung oder Vernachlässigung die gesamte Bandbreite psychischer und Verhaltensauffälligkeiten entwickeln können. In welcher Form sich Auffälligkeiten oder Symptome in der Folge äußern, ergibt sich eher abhängig vom Alter oder vom Entwicklungsstand der betroffenen Kinder und Jugendlichen. So zeigen Kinder im Vorschul- oder Grundschulalter nach Misshandlung oder Vernachlässigung in der Regel andere Symptome oder Auffälligkeiten als betroffene Jugendliche. Auch die Dauer des Zeitraums, in dem Kinder bzw. Jugendliche misshandelt oder vernachlässigt wurden, sowie der Schweregrad von Misshandlung und Vernachlässigung haben eine Auswirkung auf die Entwicklung von Folgeerscheinungen.

Insgesamt ist festzuhalten, dass Misshandlungs- und Vernachlässigungserfahrungen für Kinder und Jugendliche psychisch sehr belastend sind. Durch dieses meist bereits sehr früh in der Kindheit beginnende Stresserleben erhöht sich das Risiko der betroffenen Kinder und Jugendlichen, dass sie Verhaltensauffälligkeiten oder psychische Störungen entwickeln.

Mögliche psychische Folgen von Misshandlung und Vernachlässigung

- Ängste
- Depressionen
- sozialer Rückzug
- selbstverletzendes Verhalten
- lebensmüde Gedanken, Suizidgedanken oder Suizidversuche
- Schlafstörungen
- Konzentrationsschwierigkeiten
- Reizbarkeit
- Wutanfälle

- aggressives Verhalten
- körperliche Beschwerden, wie z. B. Bauch-, Kopf- oder Rückenschmerzen
- regressives Verhalten (Zurückfallen in Verhaltensweisen, die für jüngere Kinder angemessen wären, wie etwa erneutes Daumenlutschen, Einnässen, Dunkelangst)
- Entwicklungsverzögerungen oder -störungen

Es gibt jedoch auch Kinder und Jugendliche, die sich aufgrund von Misshandlungs- und Vernachlässigungserfahrungen besonders angepasst zeigen, sehr fleißig und meist ängstlich darauf bedacht sind, nicht aufzufallen oder zu stören. Vielen betroffenen Kindern und Jugendlichen fällt es schwer, Beziehungen zu anderen Menschen aufzubauen oder sie aufrecht zu erhalten. Durch die Erfahrung, dass ihnen nahestehende Personen, die für sie verantwortlich sind und sie eigentlich schützen sollten, sich ihnen gegenüber gewalttätig verhalten oder sich nicht ausreichend um sie kümmern, entwickeln sie Schwierigkeiten, anderen zu vertrauen, und können nicht die Überzeugung aufbauen, dass die Welt ein sicherer Ort sein kann. Sie verhalten sich häufig abweisend, distanziert und verschlossen, oder ganz im Gegenteil sehr zutraulich und distanzlos auch gegenüber Menschen, die sie nicht oder kaum kennen.

Ein gewisser Anteil von Kindern und Jugendlichen, die misshandelt oder vernachlässigt werden, weisen jedoch auch so viel psychische Widerstandskraft („Resilienz") auf, dass sie, ohne erhebliche Verhaltens- oder psychische Auffälligkeiten zu entwickeln, mit den belastenden Erfahrungen umgehen können und in ihrem Alltag gut zurechtkommen. Hier zeigen Forschung und klinische Praxis, dass es besonders hilfreich für die Stärkung der Widerstandskraft ist, wenn die betroffenen Kinder und Jugendlichen gute und verlässliche Unterstützung in ihrem sozialen Umfeld haben.

Es ist jedoch in jedem Fall überaus wichtig, die belastende Situation, sprich die Misshandlung oder die Vernachlässigung, zu beenden, um weiteren Schaden von den betroffenen Kindern und Jugendlichen abzuwenden. Forschungsbefunde zeigen, dass es hier eine sogenannte Dosis-Wirkungs-Beziehung gibt. Das bedeutet, je mehr belastende Erfahrungen Kinder und Jugendliche machen, desto wahrscheinlicher ist es, dass sie in der Folge Schwierigkeiten oder Auffälligkeiten entwickeln, und desto schwerwiegender können die entstehenden Folgeerscheinungen sein.

4 Was sind Hinweise darauf, dass Kinder bzw. Jugendliche misshandelt oder vernachlässigt werden?

Häufig wird nach Auffälligkeiten oder typischen Verletzungen gefragt, an denen man erkennen kann, dass Kinder bzw. Jugendliche misshandelt oder vernachlässigt werden. Es ist jedoch so, dass viele Verletzungen keine eindeutigen Beweise liefern. Ebenso lässt sich aus (Verhaltens-)Auffälligkeiten nicht eindeutig schließen, dass eine Misshandlung oder Vernachlässigung vorliegt. Oft ist die Bewertung einzelner Symptome im Zusammenhang mit der Vorgeschichte und anderen medizinischen Befunden notwendig, um einschätzen zu können, ob Kinder bzw. Jugendliche misshandelt oder vernachlässigt wurden. Zentral für das Erkennen einer Misshandlung oder Vernachlässigung ist und bleibt das Gespräch mit dem Kind bzw. der oder dem Jugendlichen. Erwachsene aus dem Umfeld der Betroffenen, Lehrkräfte oder Freunde sind Vertrauenspersonen, die von Kindern und Jugendlichen selbst häufig zuerst angesprochen werden.

Für Fachkräfte ist es wichtig, entsprechend den Vorgaben im eigenen Arbeitsbereich gut zu dokumentieren, was das Kind bzw. der oder die Jugendliche konkret gesagt hat. Aber auch Eltern oder andere Personen aus dem Umfeld von Kindern und Jugendlichen sollten sich dies möglichst wortgetreu notieren. Bisweilen werden in solchen Gesprächen auch unaufgefordert Erklärungen für blaue Flecken oder andere Verletzungen geliefert, die nicht zu dem dann geschilderten Hergang passen. Hier ist es ebenfalls zentral, sich dies ausführlich anzuhören, nachzufragen und dies schriftlich niederzulegen.

Im nachfolgenden Abschnitt wird ausgeführt, welche Hinweiszeichen auf Misshandlung und Vernachlässigung im Kontakt mit Kindern und Jugendlichen wahrgenommen werden können.

Generell gilt

Wenn sich Kinder oder Jugendliche anders verhalten als bisher, aggressiv werden, sich zurückziehen oder sonst eine Form auffälligen Verhaltens zeigen, muss man dem nachgehen.

Es ist jedoch sowohl bei Verhaltensänderungen als auch bei allen nachfolgend genannten Hinweiszeichen zu beachten, dass diese auch andere Ursachen als eine Misshandlung oder Vernachlässigung haben können. So kann zum Beispiel ein eigentlich freudiges Ereignis, wie die Geburt eines Geschwisterkindes, das erstgeborene Kind, welches bis dahin im Mittelpunkt der Aufmerksamkeit stand, belasten, und als Folge können z. B. Auffälligkeiten wie Einnässen auftreten.

Ebenfalls ist zu bedenken, dass es kaum spezifische Reaktionen auf bestimmte Belastungen oder Erlebnisse gibt (siehe Kapitel 3). Die Reaktionen, z. B. Verhaltensänderungen, unterscheiden sich in der Regel nicht nach der erlebten Belastung, also z. B. ob ein Kind misshandelt wurde oder ein naher Familienangehöriger verstorben ist, sondern eher nach dem Alter oder dem Entwicklungsstand des Kindes bzw. der oder des Jugendlichen.

4.1 Körperliche Misshandlung

Bei körperlicher Kindesmisshandlung gibt es verschiedene Verletzungsmuster, die auftreten können, wie z. B. Hämatome (Blutergüsse), Verbrennungen oder Knochenbrüche. Während Ärztin*innen bei einer körperlichen Untersuchung die Möglichkeit haben, die Verletzungen zu sehen und zum Teil auch als typisch für eine Misshandlung einzuordnen, sind diese für andere Fachkräfte oder Personen ohne fachlichen Hintergrund in der Regel nicht sichtbar, da das Kind bzw. der oder die Jugendliche bekleidet ist.

Hinweiszeichen einer körperlichen Misshandlung können sein:

- Das Kind bzw. der oder die Jugendliche hat offensichtliche Verletzungen und liefert hierfür auf Nachfrage Erklärungen, die nicht schlüssig erscheinen: Die „fehlende Plausibilität in der Anamnese“ ist im klinischen Bereich das zentrale Symptom für das Vorliegen einer misshandlungsbedingten Verletzung. Auch wechselnde Schilderungen zum Unfallhergang gelten grundsätzlich als mögliche Hinweise auf eine Misshandlung.
- Das Kind bzw. der oder die Jugendliche weist öfter Verletzungen auf und/oder fehlt häufig z. B. krankheitsbedingt in der Schule oder bei Freizeitaktivitäten (unter drei Tage, da dann für eine Krankschreibung kein Arzt aufgesucht werden muss!).

- Eltern begründen aufgetretene Verletzungen mit „Ungeschick" des Kindes oder schieben den Verletzungshergang auf Geschwister.
- Das Kind bzw. der oder die Jugendliche geht Situationen aus dem Weg, in denen es notwendig ist, sich zu entkleiden oder umzuziehen (z. B. Schwimmen, Sport).
- Das Kind bzw. der oder die Jugendliche trägt trotz warmen Wetters langärmelige Kleidung. (Dieses Symptom kann beispielsweise auch auf eine Magersucht oder selbstverletzendes Verhalten, z. B. Ritzen an den Armen, hinweisen. Dem sollte natürlich auch nachgegangen werden.)

Ursache einer körperlichen Misshandlung ist häufig ein Impulsdurchbruch der Eltern (siehe Kapitel 2). In diesem Fall achten die Eltern in der Regel nicht explizit darauf, welche Stellen sie verletzen. In den selteneren Fällen, in denen Eltern körperliche Strafen gezielt als „Erziehungsmaßnahme" einsetzen, ist es möglich, dass sie darauf achten, nur solche Stellen zu verletzen, die auf den ersten Blick nicht zu sehen sind.

4.2 Emotionale Misshandlung

Wie im Kapitel 1 beschrieben, umfasst emotionale Misshandlung Verhaltensweisen, wie z. B. Terrorisieren, Einsperren, Herabsetzen und Unterbinden von Kontakten mit anderen. Das Erkennen solcher Handlungen ist für Personen außerhalb der Familie besonders schwierig, weil die Handlungen meist im häuslichen Kontext stattfinden.

Hinweiszeichen einer emotionalen Misshandlung, die außerhalb der Familie sichtbar werden, können sein:

- Die Eltern sprechen sehr negativ über das Kind, beschimpfen oder demütigen es vor anderen Personen; es entsteht im Gespräch mit den Eltern das Gefühl, man müsse die positiven Seiten des Kindes gegenüber den Eltern hervorheben.
- Das Kind bzw. der oder die Jugendliche hat einen geringen Selbstwert, wertet sich teilweise selbst ab und wirkt eingeschüchtert.
- Das Kind bzw. der oder die Jugendliche darf keine Freunde nach Hause einladen.

4.3 Vernachlässigung

Im Kapitel 1 wurden die verschiedenen Aspekte von Vernachlässigung (körperliche, emotionale, medizinische, erzieherische Vernachlässigung) benannt. Die Hinweiszeichen einer (möglichen) Vernachlässigung sind entsprechend vielgestaltig.

Hierzu gehören zum Beispiel folgende:
- schmutzige, nicht dem Wetter angepasste, zu kleine oder zu große Kleidung,
- ungepflegter Zustand in Bezug auf Körper- und Haarpflege, das Kind bzw. der oder die Jugendliche riecht nach Rauch, Alkohol oder Drogen,
- häufige Übermüdung und Konzentrationsschwäche,
- kein, nicht ausreichendes oder dauerhaft ungesundes Pausenbrot,
- Schulsachen fehlen oder sind in schlechtem Zustand,
- schlechter Zahnstatus, schlechter gesundheitlicher Zustand (z. B. Verletzungen, die nicht versorgt wurden, Hautausschläge o.Ä.),
- Eltern nehmen medizinische Vorsorge- oder Hilfeangebote nicht wahr,
- Eltern erscheinen dauerhaft nicht zum Elternabend, zu Gesprächen etc., verweigern den Kontakt.

„Wohlstandverwahrlosung"

In den letzten Jahren kam der Begriff der „Wohlstandsverwahrlosung" als eine weitere Form von Vernachlässigung in die Debatte.

Beschrieben wird damit eine Erziehung zwischen materiellem Überfluss und emotionaler Unterversorgung. Die Kinder bekommen alle materiellen Wünsche erfüllt, jedoch fehlen ihnen Zuneigung und Zuwendung der Eltern, und es werden ihnen keine Grenzen gesetzt.

Hierdurch wird eine Persönlichkeitsentwicklung von Kindern und Jugendlichen befördert, die durch unsoziales, wenig empathisches Verhalten, hohe Aggressivität, hochunsichere Bindung und „innere Leere" gekennzeichnet ist. Die Kinder und Jugendlichen versuchen, die „innere Leere" durch teilweise selbstschädigende oder gefährliche Verhaltensweisen zu füllen. Zu diesen Verhaltensweisen können z. B. S-Bahn-Surfen ebenso zählen wie selbstverletzendes Verhalten, häufig wechselnde Sexualpartner*innen und übermäßiges (Internet-)Shopping, z. B. von Luxusartikeln.

Während es bei einigen Vernachlässigungskonstellationen (z. B. zugemüllte Wohnung, herumliegende gefährliche Gegenstände) klar ist, dass es sich um Vernachlässigung handelt und Hilfen angeboten werden müssen bzw. eine mögliche Gefährdung abgeklärt werden muss, ist bei anderen Konstellationen nicht so einfach zu definieren, ob es sich schon um Vernachlässigung oder um noch vertretbares elterliches Fürsorge- und Erziehungsverhalten handelt. Mit zu bedenken ist, dass Vorstellungen zu wünschenswertem Erziehungsverhalten unterschiedlich sind und man bei der Einschätzung bewusst oder unbewusst auch seine eigenen Wertvorstellungen und Erfahrungen mit einbringt.

4.4 Risikofaktoren

Für Kindesmisshandlung und Vernachlässigung gibt es verschiedene Risikofaktoren. Diese Risikofaktoren sind sogenannte relative Risiken. Das heißt: Wenn diese Faktoren auftreten, besteht ein erhöhtes Risiko, dass Kinder bzw. Jugendliche misshandelt und/oder vernachlässigt werden. Je mehr dieser Faktoren zutreffen, desto höher ist das Risiko (sogenannte Risikokumulation). Dass ein oder mehrere Faktoren vorliegen, ist jedoch kein Beweis dafür, dass Kinder misshandelt und/oder vernachlässigt werden.

Zu diesen Risikofaktoren gehören laut der Weltgesundheitsorganisation (WHO) folgende:

In Bezug auf das Kind:
- Alter unter 4 Jahre oder in der Pubertät,
- ungewolltes Kind,
- Kinder, die die Erwartungen der Eltern nicht erfüllen,
- Kinder mit Behinderungen oder Verhaltensauffälligkeiten.

In Bezug auf die Sorgeberechtigten:
- Bindungsprobleme im Verhältnis zum Kind,
- als Kind selbst Misshandlung oder Vernachlässigung erlebt,
- Auseinanderbrechen der Familie (siehe Kasten „Kinder in konfliktreichen Sorgerechtsstreitigkeiten"),
- Gewalt zwischen anderen Familienmitgliedern (siehe Kasten „Risikofaktor Häusliche Gewalt"),
- wenig stabile Paarbeziehung mit vielen Konflikten,

- psychische oder Suchterkrankung,
- fehlendes Wissen um Entwicklung in der Kindheit oder unrealistische Erwartungshaltungen an das Kind,
- Teilhabe an kriminellen Handlungen,
- finanzielle Schwierigkeiten,
- isolierte Familien,
- Zusammenbrechen der Unterstützung durch die erweiterte Familie beim Aufziehen der Kinder.

Kinder in konfliktreichen Sorgerechtsstreitigkeiten

Gestaltet sich eine Trennung sehr schwierig, und es entbrennt ein erbitterter Kampf um das Sorgerecht, geraten Kinder in Loyalitätskonflikte. Sie fühlen sich wie zerrissen und „zwischen den Stühlen". Eine solche Situation ist für Kinder sehr belastend. Keinesfalls sollten Kinder im Rahmen eines Trennungs- oder Sorgerechts-Konflikts instrumentalisiert werden, um den anderen Elternteil schlecht zu machen oder Vorwürfe gegen ihn zu erheben.

Wichtig für das Wohl von Kindern in Trennungssituationen ist eine offene und transparente Kommunikation zwischen den Elternteilen sowie klare Absprachen, an die alle Beteiligten sich halten. Dem Kind sollte vermittelt werden, dass es in der Trennungssituation keine Partei ergreifen muss, dass es trotz der Trennung beide Elternteile gleichermaßen liebhaben darf und es erlaubt ist, sich bei beiden Elternteilen wohlzufühlen.

Risikofaktor Häusliche Gewalt

Häusliche Gewalt ist ein zentraler Risikofaktor für die körperliche Misshandlung von Kindern und Jugendlichen sowie für sexuellen Missbrauch. Für häusliche Gewalt gibt es keine spezifischen Hinweiszeichen, es sei denn, das Kind bzw. der oder die Jugendliche erzählt von solchen Handlungen. Aufgrund der breiten Überschneidungen zwischen Gewalt gegen Kinder und Jugendliche und Gewalt in der Partnerschaft ist Folgendes zu beachten: Wenn Gewalt gegen Kinder oder Jugendliche vorliegt, sollte immer geklärt werden, ob es auch Partnerschaftsgewalt gibt; und wenn bekannt ist, dass es Gewalt zwischen den Eltern gegeben hat, sollte immer auch nach der Gefährdung der Kinder geschaut werden.

In Bezug auf das soziale Umfeld und die Gesellschaft:

- Geschlechts- und soziale Ungleichheiten,
- Fehlen eines angemessenen Wohnumfeldes oder fehlende Angebote, um die Familie zu unterstützen,
- hohe Raten an Arbeitslosigkeit oder Armut,
- einfacher Zugang zu Alkohol oder Drogen,
- mangelhafte Vorschriften und Programme zur Prävention von Kindesmisshandlung, sogenannter Kinderpornografie, also abgefilmte oder abfotografierte sexualisierte Gewalt gegen Kinder, Kinderprostitution und Kinderarbeit,
- soziale und kulturelle Normen, die Gewalt gegen andere glorifizieren, körperliche Züchtigung unterstützen, rigide Geschlechterrollen vertreten oder den Status von Kindern in Eltern-Kind-Beziehungen herabwürdigen,
- soziale und wirtschaftliche Bedingungen, die zu einem schlechten Lebensstandard oder sozialer und wirtschaftlicher Ungleichheit oder Unsicherheit führen.

5 Welche rechtlichen Rahmenbedingungen gibt es? Wie geht man mit der Vermutung um, Kinder oder Jugendliche könnten misshandelt oder vernachlässigt werden?

5.1 Rechtliche Rahmenbedingungen im Kinderschutz

Kinder und Jugendliche haben ein Recht auf gewaltfreie Erziehung. Vor nunmehr 20 Jahren wurde im Jahr 2000 dieser Grundsatz in Deutschland in § 1631 Abs. 2 Bürgerliches Gesetzbuch (BGB) ausdrücklich gesetzlich geregelt und wie folgt konkretisiert: „Körperliche Bestrafungen, seelische Verletzungen und andere entwürdigende Maßnahmen sind unzulässig“[2].

Auch Kinder und Jugendliche haben das verfassungsrechtlich verankerte Recht auf Achtung ihrer Würde (Art. 1 Abs. 1 Grundgesetz, GG) und die freie Entfaltung ihrer Persönlichkeit (Art. 2 Abs. 1 GG). Daraus resultiert auch das Recht junger Menschen auf Förderung ihrer Entwicklung und auf Erziehung zu einer eigenverantwortlichen und gemeinschaftsfähigen Persönlichkeit (§ 1 Abs. 1 SGB VIII). So wird in Art. 6 GG auch die Familie unter den besonderen Schutz des Staates gestellt und dabei die Pflege und Erziehung der Kinder als das natürliche Recht, aber auch als Pflicht der Eltern betrachtet. Der Begriff „Elternverantwortung“ hat sich diesbezüglich treffenderweise etabliert. Dies bedeutet, dass Eltern die Pflege und Erziehung der Kinder nach ihren eigenen (kulturellen) Vorstellungen und Werten gestalten, dies aber nur dann gilt, wenn deren Wohl dadurch nicht gefährdet wird. Dabei ist es die „staatliche Gemeinschaft“, die über das Wohl von Kindern und Jugendlichen wacht bzw. eingreift (Art. 6 Abs. 2 GG; sogenanntes staatliches Wächteramt), wenn Eltern ihrer Verantwortung nicht nachkommen (können). Die Behörde, die dieses staatliche Wächteramt ausübt, ist das Jugendamt. Das Jugendamt hat in erster Linie die Aufgabe, Eltern zu unterstützen und ihnen z. B. Hilfe anzubieten, damit sie ihre Kompetenzen entwickeln und ihre Pflichten bes-

2 Siehe auch die Expertise des Kinderschutzbundes NRW *20 Jahre Recht des Kindes auf gewaltfreie Erziehung,* abrufbar unter https://www.kinderschutzbund-nrw.de/pdf/Informationen%20gewaltfreie%20Erziehung.pdf

ser erfüllen können. Diese Unterstützung beruht grundsätzlich auf dem Prinzip der Freiwilligkeit und kann von den Eltern angenommen, im Rahmen ihres Elternrechts aus Art. 6 Abs. 2 GG aber auch abgelehnt werden. Erst wenn die Schwelle zur Kindeswohlgefährdung überschritten ist und die Personensorge- oder Erziehungsberechtigten nicht bereit oder in der Lage sind, an der Gefahrbeseitigung mitzuwirken, kommen die sogenannten „anderen Aufgaben der Jugendhilfe" (§ 2 Abs. 3 SGB VIII), wie vorläufige Maßnahmen zum Schutz von Kindern und Jugendlichen (z. B. Inobhutnahmen gem. § 42 SGB VIII) – mithin Zwangsmaßnahmen – ins Spiel.

Nach der Rechtsprechung von Bundesverfassungsgericht und Bundesgerichtshof handelt es sich bei einer Kindeswohlgefährdung um eine gegenwärtige, in einem solchen Maß vorhandene Gefahr, dass sich bei der weiteren Entwicklung der Dinge eine erhebliche Schädigung des geistigen, seelischen oder körperlichen Wohls des Kindes bzw. der oder des Jugendlichen mit ziemlicher Sicherheit voraussehen lässt. Diese juristische Definition von Kindeswohlgefährdung ist ein sogenannter unbestimmter Rechtsbegriff. Neben der akuten Gefährdung enthält diese Definition auch eine auf die Zukunft gerichtete Frage der Prognose. Dabei geht es darum, dass eine im Moment bestehende Situation die Sorge begründet, dass das Kind bzw. der oder die Jugendliche in der Zukunft *ziemlich sicher* körperlichen, seelischen oder geistigen Schaden nehmen wird, wenn sich an der Situation, wie sie jetzt ist, nichts ändert.

Während die Schweiz 2019 mit Art. 314c Abs. 2 ZGB ein ärztliches Melderecht im Kindesschutz eingeführt hat, welches dem in Deutschland ähnlich ist, sieht das österreichische Bundes-Kinder- und Jugendhilfegesetz von 2013 eine Meldepflicht für im Gesundheitswesen Tätige vor.[3]

5.1.1 Welche Stellen sind für den Kinderschutz zuständig?

Der Schutz von Kindern und Jugendlichen wird in Deutschland von folgenden vier Akteuren gewährleistet:

3 Ausführungen zur Rechtslage in Österreich und der Schweiz können z. B. unter www.wien.gv.at/menschen/kind-familie/kinder-jugendliche/kinderrechte.html und im Leitfaden *Kindesmisshandlung – Kindesschutz* unter www.kinderschutz.ch nachgelesen werden.

1. Das *Jugendamt* hat im Rahmen seines Wächteramtes einen Schutzauftrag bei Kindeswohlgefährdung zu erfüllen. Erhält es – von wem auch immer – Hinweise auf eine Kindeswohlgefährdung, hat es diesen nachzugehen (§ 8a SGB VIII, siehe nächstes Kapitel).
2. Benötigt das Jugendamt hierbei Unterstützung – insb. bei Eingriffen in das Elternrecht (Art. 6 Abs. 2 GG) –, ruft es das *Familiengericht* an. Darüber hinaus können sich alle weiteren Stellen und auch Personen, wie z. B. Familienmitglieder oder Nachbar*innen, an das Familiengericht wenden, wenn sie die ernsthafte Sorge haben, dass ein Kind bzw. ein Jugendlicher oder eine Jugendliche misshandelt oder vernachlässigt wird. Das Familiengericht hat eine Amtsermittlungspflicht, das heißt, es muss Hinweisen auf eine Kindeswohlgefährdung von Amts wegen nachgehen und die erforderlichen Ermittlungen einleiten.
3. Unterstützt wird das Jugendamt von den *freien Jugendhilfeträgern,* wie z. B. Kindertageseinrichtungen, Jugendfreizeiteinrichtungen und Kinderwohngruppen. Diese haben bei Anhaltspunkten auf Misshandlung oder Vernachlässigung ein klar festgelegtes Vorgehen zu befolgen und das Jugendamt einzuschalten, sobald eine Kindeswohlgefährdung nicht (mehr) mit eigenen Mitteln abwendbar erscheint (siehe ausführlicher auf Seite 34).
4. Oftmals sind aber *helfende Berufe* außerhalb der Jugendhilfe „Erstkontaktstelle", wenn es um Kindeswohlgefährdung geht. So z. B., wenn ein möglicherweise misshandeltes Kind bei der Kinderärztin vorgestellt wird, oder wenn in der Schule ein Kind durch plötzliche, besorgniserregende Verhaltensänderungen auffällt. Seit 2012 gibt es eine Vorschrift, die diese Berufsgruppen verpflichtet, solche Hinweise ernst zu nehmen und ggf. mit den Eltern und dem Kind selbst für Abhilfe zu sorgen. Dies gilt auch für Kinder- und Jugendlichenpsychotherapeut*innen und andere in der Versorgung psychisch auffälliger Kinder und Jugendlicher tätige Personen. Zur Unterstützung für diese oft nicht ganz leichte Aufgabe können sie sich Beratung bei einer „insoweit erfahrenen Fachkraft" einholen. Wenn sie aber dennoch das Kind bzw. den Jugendlichen oder die Jugendliche nicht ausreichend schützen können, dürfen sie das Jugendamt einschalten, das dann seinem gesetzlichen Schutzauftrag nachkommen muss (auch dies wird ausführlicher auf Seite 30 bis 32 erläutert).

Schutzauftrag des Jugendamtes bei Kindeswohlgefährdung

Der Schutzauftrag des Jugendamtes ist in § 8a SGB VIII sehr dezidiert geregelt. In den einzelnen Absätzen der Vorschrift finden sich die vorgeschriebenen Handlungsschritte:

Regelungen nach § 8a SGB VIII

- Absatz 1 regelt, wie das Jugendamt bei Bekanntwerden gewichtiger Anhaltspunkte für eine Kindeswohlgefährdung zunächst vorzugehen hat.
- Absatz 2 beschreibt die Voraussetzungen für eine Anrufung des Familiengerichts durch das Jugendamt sowie die Pflicht zur Inobhutnahme bei Gefahr in Verzug.
- Absatz 3 regelt das Vorgehen des Jugendamts, wenn es notwendig erscheint, dass neben Einrichtungen der Jugendhilfe weitere Stellen tätig werden, wie z. B. die Polizei oder Einrichtungen der Gesundheitshilfe.
- Absatz 4 beschreibt Aufgaben und Vorgehen der freien Jugendhilfe bei Kindeswohlgefährdung und die Pflicht des Jugendamtes, dies ganz konkret in Vereinbarungen mit den freien Jugendhilfeträgern zu regeln.

Inhaltlich werden diese Vorgaben jedoch von den Jugendämtern ausgestaltet. D. h., dass sich das Jugendamt zum Beispiel gem. § 8a Abs. 1 SGB VIII einen „unmittelbaren Eindruck" von dem Kind bzw. der oder dem Jugendlichen verschaffen soll, wenn es dies für erforderlich hält. In der Regel passiert das durch einen Hausbesuch. Ob es den Hausbesuch aber für erforderlich hält und zu welchem Zeitpunkt, bleibt der fachlichen Einschätzung des Jugendamtes überlassen.

Konkret ist im Schutzauftrag des Jugendamtes folgendes Vorgehen festgelegt:

Abgestuftes Vorgehen des Jugendamtes nach § 8a SGB VIII

1. Stufe: Wahrnehmung gewichtiger Anhaltspunkte für eine Kindeswohlgefährdung
2. Stufe: Gefährdungseinschätzung im Zusammenwirken mit mehreren Fachkräften (§ 8a Abs. 1 SGB VIII)
3. Stufe: Angebot von Hilfe und Unterstützung (§ 8a Abs. 1 S. 3 SGB VIII)

4. Stufe: Eingriff in Eltern- und Kinderrechte, falls Hilfe nicht ausreicht (durch das Familiengericht, § 8a Abs. 2 S. 1 SGB VIII)
5. Stufe: Sofortmaßnahmen bei akuter Gefahr (Inobhutnahme, § 8a Abs. 2 S. 2 und Abs. Abs. 3 S. 2 SGB VIII)

Das Jugendamt hat bei *Kenntnisnahme von gewichtigen Anhaltspunkten für eine Kindeswohlgefährdung* – z. B. durch eine Information aus der Schule, aus der Kindertageseinrichtung, oder auch durch Nachbar*innen, Verwandte etc. – zunächst das Gefährdungsrisiko einzuschätzen. Gewichtige Anhaltspunkte sind ernst zu nehmende Vermutungen oder konkrete Hinweise für eine Gefährdung.

Das Jugendamt prüft die Hinweise. Kann eine Gefährdung nicht sicher ausgeschlossen werden (wie dies z. B. gegeben sein kann, wenn eine Anzeige rein aus Rachegefühlen zwischen Ex-Partner*innen erfolgt), ist das Jugendamt verpflichtet, eine *Gefährdungseinschätzung* unter Hinzuziehung mindestens einer weiteren (insoweit erfahrenen) Fachkraft vorzunehmen. Dabei haben sich in der Praxis Beratungssettings etabliert, die aus drei oder mehr Fachkräften zusammengesetzt sind. Auch die Personensorge- und Erziehungsberechtigten und die betroffenen Kinder und Jugendlichen sollen an der Einschätzung teilnehmen, soweit der wirksame Schutz der bzw. des betroffenen Minderjährigen dadurch nicht infrage gestellt würde (§ 8a Abs. 1 Satz 2 SGB VIII). Kind und Eltern bzw. weitere Erziehungspersonen sind die wichtigsten Kooperationspartner*innen für die Arbeit der Kinder- und Jugendhilfe.

An der Gefährdungseinschätzung können auch weitere Personen beteiligt werden, wenn sie im konkreten Fall hilfreiche Informationen liefern könnten, wie z. B. Lehrkräfte, Kinderärzt*innen oder Erzieher*innen.

Wie oben bereits angesprochen, hat sich das Jugendamt – soweit erforderlich – mittels Hausbesuchs einen „unmittelbaren Eindruck von dem Kind und von seiner persönlichen Umgebung zu verschaffen" (§ 8a Abs. 1 SGB VIII). Dies kann auch umgehend und unangemeldet erfolgen.

Inhaltlich sollten in der Gefährdungseinschätzung folgende Aspekte Berücksichtigung finden (Radewagen, 2020):

- Erziehungsfähigkeit der Erziehungsberechtigten,
- für eine Gefährdungssituation bestehende Risikofaktoren,
- die Grundbedürfnisse des Kindes bzw. der oder des Jugendlichen,
- die aktuelle Gefährdungssituation des jeweiligen Kindes bzw. der oder des Jugendlichen und die sich daraus ableitenden Gefährdungsmerkmale und
- eine Prognose hinsichtlich des zu erwartenden Fallverlaufs bzw. Gefährdungsrisikos, sollte sich die Situation des Kindes bzw. der oder des Jugendlichen nicht ändern.

Hält das Jugendamt nach der Gefährdungseinschätzung die Gewährung von Hilfen für erforderlich – wie z.B. Unterstützung durch eine Sozialpädagogische Familienhilfe (§§ 27ff. SGB VIII) oder Erziehungsberatung – hat es diese den Erziehungsberechtigten anzubieten. Des Weiteren kann das Jugendamt andere Stellen, z.B. aus der Gesundheitshilfe oder auch die Polizei einbeziehen, wenn es deren Tätigwerden für erforderlich hält (§ 8a Abs. 3 SGB VIII).

Maßnahmen des Familiengerichts

Hält das Jugendamt eingreifende Maßnahmen, wie beispielsweise den Entzug des Sorgerechts, für notwendig, um den Schutz des Kindes bzw. der oder des Jugendlichen zu gewährleisten, so muss es das Familiengericht anrufen (§ 8a Abs. 2 SGB VIII). Nur dieses ist berechtigt, in das Elternrecht einzugreifen. Die zentrale Aufgabe des Familiengerichts bei Kindeswohlgefährdung ist in § 1666 Abs. 1 BGB beschrieben:

Aufgabe des Familiengerichts bei Gefährdung des Kindeswohls (§ 1666 Abs. 1 BGB)

„Wird das körperliche, geistige oder seelische Wohl des Kindes oder sein Vermögen gefährdet und sind die Eltern nicht gewillt oder nicht in der Lage, die Gefahr abzuwenden, so hat das Familiengericht die Maßnahmen zu treffen, die zur Abwendung der Gefahr erforderlich sind."

Dafür sollte es zunächst mit den Eltern und gegebenenfalls auch mit dem Kind „erörtern, wie einer möglichen Gefährdung des Kindeswohls, insbesondere durch öffentliche Hilfen, begegnet werden und welche Folgen die

Nichtannahme notwendiger Hilfen haben kann." (§ 157 Gesetz über das Verfahren in Familiensachen und in den Angelegenheiten der freiwilligen Gerichtsbarkeit, FamFG).

Mögliche familiengerichtliche Maßnahmen gem. § 1666 Abs. 3 BGB sind:

- Gebote, öffentliche Hilfen, wie z. B. Leistungen der Kinder- und Jugendhilfe und der Gesundheitsfürsorge, in Anspruch zu nehmen
- Gebote, für die Einhaltung der Schulpflicht zu sorgen
- Verbote, vorübergehend oder auf unbestimmte Zeit die Familienwohnung oder eine andere Wohnung zu nutzen, sich in einem bestimmten Umkreis der Wohnung aufzuhalten oder zu bestimmende andere Orte aufzusuchen, an denen sich das Kind regelmäßig aufhält
- Verbote, Verbindung zum Kind aufzunehmen oder ein Zusammentreffen mit dem Kind herbeizuführen
- die Ersetzung von Erklärungen des Inhabers der elterlichen Sorge
- die teilweise oder vollständige Entziehung des Sorgerechts

Inobhutnahme (§§ 8a Abs. 2, 42 SGB VIII)

Besteht eine so dringende Gefahr, dass nicht einmal mehr die (Eil-)Entscheidung des Familiengerichts abgewartet werden kann, ist das Jugendamt berechtigt und verpflichtet, Kinder oder Jugendliche auch gegen den Willen der Personensorge- bzw. Erziehungsberechtigten in Obhut zu nehmen (§ 8a Abs. 2 S. 2 SGB VIII) und in eine sichere Umgebung, z. B. eine Notaufnahme- oder Bereitschaftspflegestelle, zu bringen. Kinder und Jugendliche können das Jugendamt auch von sich aus um Inobhutnahme bitten (§ 42 Abs. 1 Nr. 1 SGB VIII). Die Inobhutnahme bedeutet einen Eingriff in das elterliche Sorgerecht, darf also wirklich nur erfolgen, wenn ein sofortiges und unmittelbares Handeln zum Schutz des Kindes bzw. der oder des Jugendlichen unbedingt notwendig ist. Bei der Einschätzung, ob es sich wirklich um „Gefahr in Verzug" handelt, hat das Jugendamt einen Beurteilungsspielraum, der allerdings gerichtlich nachvollziehbar begründet sein muss. Da aber das Familiengericht durch Notdienste praktisch rund um die Uhr erreichbar ist, ist eine solche sofortige Inobhutnahme durch das Jugendamt die absolute Ausnahme.

Mitarbeiter*innen der freien Jugendhilfeträger spielen im Kinderschutz ebenfalls eine wichtige Rolle. Oft sind sie die ersten, denen „etwas auffällt" oder denen sich Kinder und Jugendliche – und auch Eltern – anvertrauen. Damit auch die freien Jugendhilfeträger ihre Aufgaben im Kinderschutz entsprechend den gesetzlichen Vorgaben wahrnehmen, schließt das zuständige Jugendamt Vereinbarungen mit ihnen ab (§ 8a Abs. 4 SGB VIII). In diesen Vereinbarungen ist das Vorgehen bei gewichtigen Anhaltspunkten für eine Kindeswohlgefährdung genau festgeschrieben:

- Bei Bekanntwerden von gewichtigen Anhaltspunkten für eine Kindeswohlgefährdung ist eine Gefährdungsabschätzung vorzunehmen. Dabei ist von der Einrichtung zwingend eine versierte „insoweit erfahrene Fachkraft" hinzuzuziehen (deren Qualifikation sogar explizit in der Trägervereinbarung festgelegt sein muss). Hintergrund dieser Vorgabe ist, dass nicht bei jedem Träger, wie z. B. einer Jugendfreizeiteinrichtung oder Kita, vertiefte Kenntnisse über Kinderschutzfragen vorhanden sind.
- In die Gespräche sind die Beteiligten aus der Familie einzubeziehen. Außerdem müssen Personensorge- bzw. Erziehungsberechtigte auf die mögliche Inanspruchnahme von geeigneten Hilfen hingewiesen werden.
- Kann aus Sicht des freien Jugendhilfeträgers eine bestehende Gefährdung nicht anders abgewendet werden – werden beispielsweise die angebotenen Hilfen nicht angenommen oder sind diese nicht ausreichend – ist das Jugendamt zu informieren.

Eine Pflicht zur Anrufung des Familiengerichts oder eine Befugnis zur Inobhutnahme besteht für die freien Jugendhilfeträger allerdings nicht.

5.1.2 Vorgehen bei Verdacht auf Kindeswohlgefährdung für Berufsgeheimnisträger*innen und Lehrkräfte

Oft sind es die mit Kindern und Jugendlichen arbeitenden helfenden Berufe, denen Anhaltspunkte für eine Kindeswohlgefährdung auffallen: Ärzt*innen, Kinder- und Jugendlichenpsychotherapeut*innen, psychologische Psychotherapeut*innen, Hebammen, Berufspsycholog*innen, Ehe-, Familien-, Erziehungs-, Drogen- oder Jugendberater*innen, Sozialarbeiter*innen und

Sozialpädagog*innen oder Lehrkräfte[4] an öffentlichen oder staatlich anerkannten privaten Schulen. Diese Berufsgruppen unterliegen jedoch der Schweigepflicht (u. a. gem. § 203 StGB), wodurch sich die Zusammenarbeit mit den für den Kinderschutz zuständigen Stellen wie Jugendamt oder Familiengericht früher oft schwierig gestaltete. Deshalb enthält das Bundeskinderschutzgesetz seit 2012 eine eigens für diese Berufsgruppen gestaltete Vorschrift, die ein stufenweises Vorgehen bei Verdacht auf eine Kindeswohlgefährdung formuliert (§ 4 des Gesetzes zur Kooperation und Information im Kinderschutz, KKG).

Beispiel

Einer niedergelassenen Hebamme, die in der Nachsorge nach einer Geburt Mutter und Kind noch ein paar Wochen lang zu Hause begleitet, fällt auf, dass die Mutter sich allmählich immer mehr in sich zurückzieht, wenig spricht und kaum emotionale Reaktionen auf ihr Kind zeigt. Sie lebt mit dem Kind allein in beengten Wohnverhältnissen und hat offenbar Schwierigkeiten, eine Bindung zu dem Neugeborenen aufzubauen. Auch der Haushalt verkommt zusehends. Trotz intensiver Unterstützungsbemühungen der Hebamme versorgt die Mutter das Kind nur unzureichend. Es nimmt nicht zu, der Windelbereich ist wund, da die Windeln nur selten gewechselt werden. Und wenn der Mutter das Weinen des Kindes zu viel wird, legt sie es auf den Boden vor der Wohnungstür und schließt diese von innen.

Für solche und alle ähnlich gelagerten Fälle, in denen Berufsgeheimnisträger*innen oder Lehrkräften – mehr oder minder deutlich – Anhaltspunkte für eine mögliche Kindeswohlgefährdung auffallen, regelt § 4 KKG „die rechtlich verbindliche Wahrnehmung eines Schutzauftrages bei Kindeswohlgefährdung mit konkreten Aufgaben und Pflichten“. Erstmals gibt es damit eine *Pflicht zum Tätigwerden bei Anhaltspunkten für eine Kindeswohlgefährdung* für diese Berufsgruppen. Das Vorgehen gleicht dem der freien Jugendhilfeträger: Bei einem Hinweis auf eine Kindeswohlgefährdung haben die genannten Be-

4 Für Lehrkräfte ist wichtig, dass fast alle Bundesländer in ihrem jeweiligen Schulrecht auch noch eigene Normen haben, die sich direkt auf Kindeswohlgefährdung und die Zusammenarbeit mit dem Jugendamt beziehen. Es ist deshalb sinnvoll, sich bei der Leitungsperson der Schule nach dem genauen Vorgehen zu erkundigen. Wenn es ein solches nicht gibt, sollte ein Handlungsplan für das Vorgehen entwickelt werden.

rufsgruppen zunächst ihren Verdacht mit den Betroffenen selbst zu klären und zu versuchen, die Gefahr mit eigenen Mitteln abzuwenden. Diese „eigenen Mittel“ sind in der Regel Gespräche mit den Eltern und Kindern. Davon sollte nur abgesehen werden, wenn zu befürchten ist, dass durch das Offenlegen des Verdachts der wirksame Schutz des Kindes bzw. der oder des Jugendlichen infrage gestellt würde (z. B. bei Verdacht der Misshandlung durch den Vater). Sieht der oder die Berufsgeheimnisträger*in diese Gefahr nicht, bleibt nur der Weg zum Jugendamt, welches dann entsprechend dem Schutzauftrag gem. § 8a SGB VIII vorzugehen hat.

Beispiel (Fortsetzung)

Die Vermutung liegt nahe, dass die Hebamme bereits die ihr zur Verfügung stehenden Mittel ausgeschöpft hat. Ihr bliebe noch, die Mutter ganz deutlich auf ihre Wahrnehmung anzusprechen, dass das Kind möglicherweise gefährdet sein könnte und sie einfühlsam über das in dem Fall notwendige weitere Vorgehen aufzuklären, um die Vertrauensbeziehung möglichst nachhaltig aufrechtzuerhalten. Die Hebamme kann als Unterstützung hierfür auch eine vertrauliche Beratung durch eine „insoweit erfahrene Fachkraft“ in Anspruch nehmen.

Auch die Berufsgeheimnisträger*innen haben einen *Anspruch auf Beratung durch eine „insoweit erfahrene Fachkraft“* zur Gefährdungseinschätzung (§ 4 Abs. 2 KKG). Dafür kann der Fall dieser Fachkraft pseudonymisiert geschildert werden – also unter Verwendung anderer Namen, damit die tatsächlichen Personen nicht erkennbar sind. Der Träger der öffentlichen Jugendhilfe hat deshalb zu gewährleisten, dass ein entsprechendes Beratungsangebot auch rechtzeitig und ausreichend vorhanden ist. Insoweit erfahrene Fachkräfte können Mitarbeitende z. B. einer Beratungsstelle oder eines Kinderschutzzentrums sein.

Eine neue und vielversprechende Entwicklung ist die Etablierung einer „Kinderschutz-Hotline“ (www.kinderschutzhotline.de, Tel. 0800 1921000, 24 Stunden und 7 Tage/Woche erreichbar) zur kostenfreien Beratung und Unterstützung von Ärzt*innen und Psychotherapeut*innen im klinischen Alltag. Ab 2021 können sich auch Mitarbeitende von Jugendämtern und Familiengerichten bei Beratungsbedarf, z. B. mit Verständnisfragen in Bezug auf medizinische Befunde im Kontext Kindesmisshandlung, an die Medizinische Kinderschutzhotline wenden. Die Hotline ist kein Angebot für Eltern oder andere unterstützende Personen, sondern allein ein Angebot für Fachkräfte. Anlaufstellen für Eltern, Fachkräfte und andere unterstützende Personen finden sich beispielhaft im Anhang auf Seite 60 bis 64.

Ist die eigene oder empfohlene Hilfe zur Abwendung der Kindeswohlgefährdung nicht geeignet bzw. ausreichend und besteht die Gefährdung für das Kind bzw. der oder den Jugendlichen fort, z. B. weil die Personensorgeberechtigten nicht gewillt oder in der Lage sind, an der Gefahrbeseitigung mitzuwirken, so sind *Berufsgeheimnisträger*innen befugt, das Jugendamt zu informieren* (§ 4 Abs. 3 KKG). Zu diesem Zweck dürfen auch die erforderlichen Klardaten der Betroffenen an das Jugendamt weitergegeben werden. Die Betroffenen sind hierüber zu informieren – aber wiederum unter der Bedingung, dass damit der wirksame Schutz des Kindes bzw. der oder des Jugendlichen nicht infrage gestellt wird.

Wichtig ist, dass Informationen *nur an das Jugendamt* – bzw. verschlüsselt an die insoweit erfahrene Fachkraft – weitergegeben werden dürfen. Zur Weitergabe von Informationen an andere Stellen – wie z. B. Polizei oder Gericht oder medizinische Sachverständige – sind die Geheimnisträger*innen nach dieser Vorschrift *nicht* befugt. Das Jugendamt ist der einzig zulässige Adressat aller Informationen über eine drohende oder bereits vorhandene Kindeswohlgefährdung. Denn das Jugendamt vereint alle rechtlichen und vor allem fachlichen Voraussetzungen, um den Schutz Kindern und Jugendlichen sicherzustellen. Dies kann im absoluten Notfall auch eine Inobhutnahme des Kindes bzw. der oder des Jugendlichen bedeuten (siehe Seite 33). Viel relevanter sind aber die unterstützenden Angebote, die das Jugendamt den Familien, Eltern und Kindern passgenau und auf freiwilliger Basis machen kann, um die Situation für alle Familienmitglieder gleichermaßen zu verbessern. Dies umfasst die Hilfen zur Förderung der Erziehung in der Familie (§§ 16ff. SGB VIII) sowie die Hilfen zur Erziehung (sog. HzE gem. §§ 27ff SGB VIII). Das Angebot ist äußerst vielfältig und reicht von der Erziehungsberatung oder sozialen Gruppenarbeit über eine Tagesgruppe und eine Sozialpädagogische Familienhilfe (SPFH), die mehrmals die Woche der Familie in ihrer häuslichen Umgebung bei der Bewältigung ihres Alltags zur Seite steht, bis hin zur gemeinsam entschiedenen, kurz- oder langfristigen Unterbringung des Kindes bzw. der oder des Jugendlichen in einer Pflegefamilie oder einer Jugendhilfeeinrichtung.

Beispiel (Fortsetzung)

Je nachdem, wie sich die Situation entwickelt und was ggf. die Beratung durch die insoweit erfahrene Fachkraft ergibt, darf also die Hebamme – notfalls auch gegen den Willen der Mutter – das Jugendamt informieren, wenn das Kind aus ihrer fachlichen Sicht trotz aller eigenen Bemühungen gefährdet erscheint. Hier wäre es unbedingt ratsam, dass die Hebamme die Mutter einfühlsam über die Notwendigkeit der Einbeziehung des Jugendamtes aufklärt und um das Einverständnis für diesen Schritt wirbt. Dabei kann es sehr hilfreich sein, Arbeitsweisen und Unterstützungsmöglichkeiten des Jugendamtes zu erläutern. Im vorliegenden Fall käme beispielsweise die Gewährung einer Begleitung durch eine SPFH oder einer Familienhebamme in Betracht, die die Mutter durch ganz konkrete Hilfe, z.B. bei der Betreuung des Kindes, der Suche nach einem Therapieplatz, im Kontakt mit der Krankenkasse oder auch bei der Beantragung einer Haushaltshilfe, unterstützen könnte. Die Hilfe an sich wird dann nicht vom Jugendamt selbst, sondern meist durch Mitarbeitende freier Jugendhilfeträger geleistet.

Durch das im Jahr 2021 verabschiedete Kinder- und Jugendstärkungsgesetz (KJSG) hat § 4 KKG einen Zusatz speziell für Berufsgeheimnisträger*innen aus den Heilberufen erfahren: Diese sollen *„unverzüglich das Jugendamt informieren [...], wenn nach deren Einschätzung eine dringende Gefahr für das Wohl des Kindes oder des Jugendlichen das Tätigwerden des Jugendamtes erfordert“*. Dabei kann sich die Dringlichkeit gerade auch aus der Überlegung ergeben, dass das Bemühen um eine Gefährdungsabwendung „mit eigenen Mitteln“ der Behandlerin bzw. des Behandlers nicht mehr erfolgen kann, ohne die Gefährdungslage für das Kind bzw. den Jugendlichen oder die Jugendliche noch zu erhöhen.

Das KJSG enthält zudem eine grundlegende Neuerung (§ 4 Abs. 4 KKG neu): Danach soll das Jugendamt nach einer erhaltenen Information der meldenden Person „zeitnah eine *Rückmeldung* geben, ob es die gewichtigen Anhaltspunkte für die Gefährdung des Wohls des Kindes oder Jugendlichen bestätigt sieht und ob es zum Schutz des Kindes oder Jugendlichen tätig geworden ist und noch tätig ist“. Auch hierüber sind wiederum die Betroffenen vorab hinzuweisen, es sei denn, damit würde der wirksame Schutz des Kindes bzw. der oder des Jugendlichen infrage gestellt.

5.1.3 Strafbarkeit von Misshandlung und Vernachlässigung

Kindesmisshandlung und Vernachlässigung sind Straftaten: Die gesetzlichen Regelungen zur *Misshandlung* finden sich im Strafgesetzbuch (StGB) bei den Körperverletzungsdelikten (§§ 223ff. StGB). Strafbar sind körperliche (Miss-) Handlungen, wenn sie eine *substanzverletzende* Einwirkung auf den Körper haben, also beispielsweise Wunden, Schwellungen, Beulen oder Narben hervorrufen oder Nervenreizungen nach Schlägen oder Stößen, den Verlust von Körperteilen (Zahn, Ohrläppchen etc.), eines Bestandteils der Körperoberfläche (Haare) oder den Verlust oder die vorübergehende Herabsetzung einer Körperfunktion (Gehör, Geruchssinn etc.) verursachen.

Im Kontext des Kinderschutzes ist der § 225 StGB Misshandlung von Schutzbefohlenen oft die zutreffende Regelung. Dieser stellt Misshandlungen an Kindern und Jugendlichen unter Strafe, die von der Fürsorge oder Obhut der misshandelnden Person abhängen oder dieser Person von der fürsorgepflichtigen Person überlassen wurden, ihrem Hausstand angehören oder ihr im Rahmen eines Dienst- und Arbeitsverhältnisses untergeordnet sind. Damit umfasst der Täterbegriff dieser Vorschrift insbesondere Eltern, Pflegeeltern, Betreuer*innen, Pflegepersonal, aber auch Lebenspartner*innen in häuslicher Gemeinschaft.

Seelische Misshandlungen, wie beispielsweise herabwürdigende Beschimpfungen, Demütigungen, Drohungen oder Isolation, können dagegen als Beleidigung (00A7§ 185 StGB) strafbar sein.

Je nach Schwere der Handlung (z. B. Ohrfeige, Schläge mit dem Gürtel, Verbrennen mit einer Zigarette) und/oder der Folge für das Opfer (z. B. Striemen auf der Haut oder Behinderung nach Schütteltrauma) ziehen Misshandlungen entsprechend unterschiedliche Sanktionen nach sich, die zwischen einer Geldstrafe und hohen Freiheitsstrafen liegen können. Die einzelnen Misshandlungstatbestände des Strafgesetzbuches sind:

- § 223 StGB: „Einfache" Körperverletzung (z. B. Ohrfeige, „Hintern versohlen"),
- § 224 StGB: Gefährliche Körperverletzung (z. B. bei Verwendung von gesundheitsschädlichen Substanzen, wie Alkohol/Drogen, oder Gegenständen wie Gürtel oder Zigaretten),

- § 225 StGB: Misshandlung von Schutzbefohlenen (= maßgebliche Norm bei Misshandlungen durch Personensorge- oder Erziehungsberechtigte),
- § 226 StGB: Schwere Körperverletzung (bei schwerer Folge einschlägig, wie Verlust eines Körpergliedes, des Sehvermögens oder auch Lähmung, Behinderung etc.),
- § 226a StGB: Verstümmelung weiblicher Genitalien[5],
- § 227 StGB: Körperverletzung mit Todesfolge,
- § 229 StGB: Fahrlässige Körperverletzung (z. B. Körperverletzung eines Krabbelkindes durch fehlende Treppensturzsicherung).

Die *Vernachlässigung* (auch „Verwahrlosung" genannt, siehe Art. 6 Abs. 3 GG) kann zum einen im Rahmen der „Misshandlung von Schutzbefohlenen" gemäß § 225 StGB verfolgt werden. Ein spezifischer Straftatbestand findet sich zum anderen in § 171 StGB: „Verletzung der Fürsorge- oder Erziehungspflicht". Nach dieser Vorschrift wird bestraft, wer seine Fürsorge- oder Erziehungspflicht gröblich verletzt und dadurch das Kind oder den Jugendlichen bzw. die Jugendliche (bis 16 Jahre) in die Gefahr einer erheblichen körperlichen oder psychischen Schädigung bringt. Dazu gehören z. B. das Alleinlassen kleiner Kinder in einer abgeschlossenen Wohnung sowie Handlungen, die beispielsweise fördern, dass der oder die Minderjährige einen kriminellen Lebenswandel führt oder der Prostitution nachgeht.

Zu bedenken ist, dass auch die Beteiligung an all diesen Delikten strafbar ist, ebenso wie der Versuch, das fahrlässige Handeln oder die Ausführung durch Unterlassen. Zu denken wäre beispielsweise an die Mutter, die nichts tut, während ihr Kind vom Partner misshandelt wird.

Keine Anzeigepflicht bei Misshandlung oder Vernachlässigung

In vielen Ländern Europas und der Welt gibt es die gesetzlich festgeschriebene Pflicht, Misshandlung und Vernachlässigung anzuzeigen. Zum Teil sind in diesen Ländern dann auch Kinderschutzmaßnahmen mit strafrechtlichen Maßnahmen gekoppelt. In Deutschland ist dies nicht der Fall. Es gibt keine

5 Dieser Paragraf wurde 2013 ins StGB eingefügt. Im Gegensatz dazu wurde 2012 die Beschneidung von Jungen – sogar durch nicht medizinisch ausgebildete Menschen – als sozialadäquate Handlung per Gesetz ins Bürgerliche Gesetzbuch (BGB) aufgenommen.

Pflicht zur Strafanzeige für Misshandlung und Vernachlässigung, weder für Privatpersonen noch für Fachkräfte oder das Jugendamt. Auch die betroffenen Kinder und Jugendlichen oder ihre Sorgeberechtigten sind nicht zur Anzeige verpflichtet.

Dennoch können solche Straftaten angezeigt werden. Privatpersonen haben hierfür keinerlei Gesetze zu beachten. Für Jugendamt, Berufsgeheimnisträger*innen, Mitarbeitende in Jugendhilfeeinrichtungen etc. gilt jedoch etwas anderes: Sie haben regelmäßig das Vertrauensverhältnis zu den Betroffenen und entsprechende Schweigepflichten zu beachten. Eine Anzeige bei der Polizei dürfen sie nur mit Einwilligung des betroffenen Kindes bzw. der oder des Jugendlichen erstatten. Ist eine Meldung an die Polizei allerdings zur *Verhinderung* einer *akuten* Misshandlung oder Vernachlässigung – also nicht zur bloßen Strafverfolgung einer bereits begangenen Tat – notwendig, können auch diese Berufsgruppen durchaus berechtigt sein, die Polizei zu informieren (Rechtfertigender Notstand, § 34 StGB).

In jedem Fall sollten aber Anzeigen bei der Polizei aus folgendem Grund zuvor gut überlegt sein: In nahezu allen Fällen handelt es sich um sogenannte Offizialdelikte. Das heißt, dass die Polizei einem Ermittlungszwang unterliegt. Eine einmal erstattete Anzeige kann nicht mehr zurückgezogen werden – mit entsprechend belastenden Folgen für die betroffenen Kinder und Jugendlichen und ihr Umfeld. Vor diesem Hintergrund ist auch dringend vor einer „unverbindlichen" Beratung mit der Polizei abzuraten. Eine solche ist bei Offizialdelikten nicht möglich. Sobald Namen von Betroffenen genannt werden (oder die Polizei durch andere Informationen herausfinden kann, um welche Familie es sich handelt), muss die Polizei von Amts wegen ermitteln.

Hinzu kommt, dass die Aufgabe, Kinder und Jugendliche zu schützen, weiterhin beim Jugendamt liegt. Dieses hat, wie oben beschrieben, gemeinsam mit dem Familiengericht alle Möglichkeiten, den Schutz der Kinder und Jugendlichen sicherzustellen.

5.2 Wie geht man mit der Vermutung um, Kinder oder Jugendliche könnten misshandelt oder vernachlässigt worden sein?

Die Vermutung, dass ein Kind misshandelt oder vernachlässigt wird, löst häufig emotionale Reaktionen und Betroffenheit aus. Wichtig ist es, zunächst Ruhe zu bewahren, die nächsten Schritte gut zu planen und sich bewusst zu machen, dass es gut ist, besonnen und ggf. nach einer fachlichen Beratung zu handeln. Für möglicherweise betroffene Kinder und Jugendliche ist es schlimmer, wenn weggeschaut und geschwiegen wird, als wenn eine Reaktion oder Intervention möglicherweise nicht ganz optimal abläuft. Auch für sich selbst brauchen Sie sich keine Sorgen zu machen, dass Sie Konsequenzen befürchten müssen, wenn sich ein Verdacht als falsch herausstellt.

Zu bedenken ist auch Folgendes: In Deutschland gab es im Jahr 2020 ca. 194.000 Verfahren zur Einschätzung einer Kindeswohlgefährdung. Hierbei ergaben sich bei ca. 31 % der Verfahren Hinweise auf eine akute oder drohende Kindeswohlgefährdung, bei weiteren ca. 34 % lag keine Kindeswohlgefährdung vor, gleichwohl aber ein Hilfebedarf in der Familie. Die Zahlen zeigen, dass zum einen bei Meldungen bei ca. einem Drittel der Fälle wirklich auch eine oder mehrere Gefährdungsformen vorlagen, zum anderen konnten hierdurch aber auch eine Vielzahl von Familien identifiziert werden, die Hilfe brauchen, und durch die Bereitstellung der Hilfe konnte möglicherweise eine Misshandlung oder Vernachlässigung verhindert werden.

Das folgende Kapitel erläutert, was Sie im Verdachtsfall tun können, aber auch Möglichkeiten der Unterstützung betroffener Kinder und Jugendlicher im weiteren Verlauf.

6 Was kann man für Kinder und Jugendliche tun, die misshandelt oder vernachlässigt werden?

6.1 Was können Eltern tun?

Elternsein gehört zu den größten Herausforderungen überhaupt. Eine Vielzahl kleinerer Alltagsprobleme oder ein großer Einschnitt, wie eine Trennung oder eine Erkrankung der Eltern können dazu führen, dass aus der Verantwortung für das eigene Kind eine große Belastung werden kann.

Ausnahmslos alle Eltern erinnern sich an Situationen, in denen sie zu ungeduldig, zu harsch, zu grob oder zu wenig zugewandt oder liebevoll mit ihrem Kind umgegangen sind. Wenn Kinder sich der Liebe ihrer Eltern in jeder Situation sicher sind und sich zu Hause sicher fühlen können, werden die beschriebenen gelegentlichen Situationen die Kinder nicht dauerhaft in ihrem Wohlbefinden oder ihrer Entwicklung gefährden. Meist haben Eltern jedoch selbst ein feines Gespür dafür, wenn sie die Grenzen ihres Kindes überschreiten, oder ihm ggf. sogar schaden oder es schlimmstenfalls gefährden. Spätestens, wenn ein Kind gedemütigt wird, Angst vor einem Elternteil hat oder sich nicht sicher ist, ob es geliebt wird, wenn ein Kind auf sich allein gestellt ist, nicht ausreichend versorgt wird oder Verantwortung übernehmen muss, die eigentlich nur ein Erwachsener tragen kann, wenn ein Kind körperlich verletzt oder in die sexuelle Befriedigung eines Erwachsenen einbezogen wird, ist die Grenze zum für das Kind schädlichen Elternverhalten überschritten. Auch wenn Dritte, z. B. Verwandte, Lehrkräfte, Ärzt*innen oder andere das Gespräch mit Eltern suchen, um ein möglicherweise ungünstiges elterliches Verhalten zu besprechen, sollte dies ernst genommen werden. Dieser Schritt erfordert meist eine große Überwindung und wird daher meist aus Sorge um das Kind unternommen und nicht in dem Wunsch, der Familie zu schaden.

In solchen Situationen kann ein erster Schritt eine Erziehungs- und Familienberatung sein. Solche Beratungen sind Leistungen der Jugendhilfe und für die Ratsuchenden kostenlos. Beratungsstellen können wohnortnah über das Jugendamt erfragt, oder über das Familienportal des Bundesfamilienministeriums (www.familienportal.de) oder über das Hilfe-Portal Sexueller Missbrauch der Bundesregierung (www.hilfe-portal-missbrauch.de) gefunden werden – der Name des letzteren Suchportals ist etwas irreführend, hier finden Eltern eine große Auswahl von Beratungsangeboten, nicht nur in Fällen von sexuellem Missbrauch. Vielerorts gibt es spezialisierte Beratungsstellen, z. B. für die Unterstützung psychisch erkrankter Eltern oder Eltern mit Suchtproblemen (eine Linksammlung findet sich z. B. bei der Bundesarbeitsgemeinschaft Kinder psychisch erkrankter Eltern: www.bag-kipe.de). Wenn erkrankte Eltern sich in stationäre Behandlung begeben müssen, ist der Sozialdienst der Klinik ein möglicher Ansprechpartner, um Fragen zur Versorgung der eigenen Kinder zu besprechen. Hier sollte aktiv um ein Gespräch gebeten werden. Das Jugendamt ist der richtige Ansprechpartner, um mögliche Unterstützungsmöglichkeiten für die Familie zu prüfen – und sie zu finanzieren. Viele Eltern haben Angst vor dem Weg zum Jugendamt, aus Sorge, das Jugendamt könnte ein Kind aus der Familie nehmen. Tatsächlich ist es aber das Ziel des Jugendamtes, Kinder, wenn irgend möglich, in ihrer gewohnten Umgebung zu unterstützen und die Eltern wieder in die Lage zu versetzen, ihr Kind selbst zu fördern und vor Schaden zu bewahren. Dafür sind die Jugendämter dringend auf die offene Zusammenarbeit mit den Eltern angewiesen. Wenn Sie also merken, dass Sie selbst für Ihre Kinder gerade nicht so sorgen oder sich ihnen gegenüber nicht so verhalten können, wie Sie das gerne möchten oder Hilfe benötigen, weil Sie sich in einer schwierigen Situation befinden, wenden Sie sich an das Jugendamt. Dieses kann sie beraten und Ihnen Hilfen vermitteln. Und wenn Sie von sich aus das Jugendamt um Hilfe ersuchen, zeigt dies bereits die Bereitschaft, die Situation in der Familie und für das Kind zu verbessern und an einer Lösung zu arbeiten.

Es ist ein schwerer Schritt, sich einzugestehen, dass man dem eigenen Kind eventuell geschadet hat und dass man Hilfe bei der Erziehung benötigt. Aber ein offener Umgang mit der Situation und das ernsthafte, konsequente Bemühen, mit fremder Hilfe rasch zu einer Verbesserung beizutragen, ist das Wichtigste, was Eltern in solchen Situationen für ihr Kind tun können.

6.2 Was können Familienangehörige, Bekannte und weitere Menschen im Umfeld von Kindern tun?

Wenn Sie als Großeltern, Verwandte, Nachbar*innen, Freund*innen der Familie oder andere Personen im Umfeld von Kindern und Jugendlichen entsprechende Handlungen mitbekommen, oder auch nur „ein komisches Gefühl haben“ und sich Sorgen um ein Kind bzw. einen Jugendlichen oder eine Jugendliche machen, sollten Sie sich Hilfe suchen und ehrlich über den Vorfall oder Ihre Vermutungen sprechen. Hilfe erhalten Sie beispielsweise bei (Fach)Beratungsstellen oder beim Jugendamt. Die Scham und Angst vor den Konsequenzen sind nachvollziehbar. Allerdings schadet das Verheimlichen dem Kind bzw. der oder dem Jugendlichen aufs Neue – möglicherweise bekommt es nicht gleich die richtige Unterstützung, und in jedem Falle kommt es in einen schweren seelischen Konflikt. Niemals darf Kindern oder Jugendlichen verboten werden, mit einem Gesprächspartner ihrer Wahl über etwas zu reden, was sie belastet. Es ist für Kinder und Jugendliche schwer auszuhalten, ein „schlimmes Geheimnis“ bewahren zu müssen, um z. B. den eigenen Eltern nicht zu schaden. Kommt das Geheimnis dann doch ans Licht, fühlen sich Kinder und Jugendliche in aller Regel verantwortlich und schuldig an den eingetretenen Konsequenzen.

Als Privatpersonen sind Sie nicht an Gesetze gebunden, die Ihnen verbieten oder erlauben würden, sich mit Ihrer Sorge an eine helfende Stelle zu wenden. Sie können sich jederzeit sowohl an die Polizei als auch an das Familiengericht, das Jugendamt, den Kinderschutzbund, (Fach)Beratungsstellen, eine Jugendhilfeeinrichtung oder auch an die Kinderärztin bzw. den Kinderarzt wenden, wobei das Jugendamt mit seinem Schutzauftrag hier sicher die zentrale Anlaufstelle wäre. Bei einer Meldung an die Polizei oder das Familiengericht wird aber regelmäßig ohnehin das Jugendamt von diesen informiert. Wenden Privatpersonen sich mit ihrer Sorge beispielsweise an die Kita, die Schule oder an die Kinderärztin bzw. den Kinderarzt, werden diese nach dem diesen Stellen vorgegebenen Prozedere vorgehen und bei weiterbestehender Kindeswohlgefährdung ebenfalls das Jugendamt kontaktieren.

Hinzuzufügen ist noch, dass es für Kindeswohlgefährdungen wie Misshandlung oder Vernachlässigung keine Anzeige*pflicht* gibt. Allerdings könnte es sein, dass das bewusste Wegschauen bei gravierenden, offensichtlichen Kindesmisshandlungen oder -vernachlässigungen zu Ermittlungen wegen unterlassener Hilfeleistung führen kann. Denn § 323c Strafgesetzbuch (StGB) verlangt auch von Privatpersonen, dass sie bei „gemeiner Gefahr oder Not" Hilfe leisten, wenn sie sehen, dass diese nötig ist und sie sich dadurch nicht selbst in Gefahr begeben. So wäre möglicherweise ein Dazwischengehen bei einer Prügelattacke gegenüber einem Kind nicht zwingend zu erwarten – wohl aber das Absetzen eines Notrufes. Das im Grundgesetz verankerte „staatliche Wächteramt" über das Wohl von Kindern und Jugendlichen umfasst die gesamte staatliche Gemeinschaft, also uns alle. Daher sind alle aufgerufen, nicht wegzuschauen, sondern im Gegenteil ganz genau hinzuschauen und bei Vermutung und Verdacht zu handeln. Kinder und Jugendliche sind auf unterstützende Erwachsene angewiesen!

Beispiel

Gabriele Schneider wohnt in einem Mehrparteien-Mietshaus. In der Wohnung über ihr lebt ein junges Paar, welches sie in der Vergangenheit bereits häufig sehr laut streiten gehört hat. Als die junge Frau schwanger war, wurden die Streitereien noch häufiger. Mit ihrer Freundin, die ebenfalls im selben Haus wohnt, hatte Frau Schneider schon öfter darüber gesprochen, aber die beiden Frauen hatten bisher das Gefühl, dass das letztlich die Privatsache des Paares sei. Nach der Entbindung des Babys schien es zunächst etwas ruhiger zu werden, dann aber begannen der heftige Streit und der Lärm von Neuem. Dazu schrie das Baby manchmal eine Stunde oder länger am Stück. Besorgt besprach sich Frau Schneider mit ihrer Freundin, und gemeinsam kamen sie überein, beim örtlichen Jugendamt anzurufen – schließlich waren sie vor allem wegen des kleinen Kindes besorgt. Der Sachbearbeiter beim Jugendamt hörte sich Frau Schneiders Sorgen an und versprach, innerhalb weniger Tage die junge Familie aufzusuchen, um sich ein Bild von der Situation zu machen.

Hinweis

Wenn Sie die Vermutung haben, dass Kinder oder Jugendliche in Ihrem Umfeld nicht gut behandelt werden, wenn Sie sich Sorgen um ein Kind bzw. einen Jugendlichen oder eine Jugendliche machen oder Sie das Gefühl beschleicht, dass „irgendetwas nicht stimmt", dann sollten Sie handeln! Schauen Sie genau hin, hören Sie auf Ihr Bauchgefühl. Wenden Sie sich an das Jugendamt, welches dann die Situation einschätzen und das Kind bzw. den Jugendlichen oder die Jugendliche ggf. schützen kann.

6.3 Was können Lehrkräfte und Erzieher*innen tun?

Wie bereits in den rechtlichen Rahmenbedingungen dargestellt, gilt für Lehrkräfte grundsätzlich der § 4 KKG im Bundeskinderschutzgesetz als Grundlage für weiteres Handeln. Hilfreich ist es, wenn in Schulen bereits Strukturen etabliert sind, in denen sich Lehrkräfte bei einem Verdachtsfall zunächst – im Rahmen einer anonymisierten Fallberatung – kollegial austauschen können, z. B. durch Gesprächsangebote mit Schulpsycholog*innen, Schulsozialarbeiter*innen oder über Kontakt zu Beratungsstellen. Auch die Beratung durch eine insoweit erfahrene Fachkraft kann und sollte in Anspruch genommen werden. Ein Handlungsplan, der z. B. im Kontext eines Schutzkonzeptes entwickelt wurde, erleichtert die Planung der nächsten Schritte.

Zentral ist es, Hinweisen nachzugehen, das Gespräch mit dem Kind bzw. der oder dem Jugendlichen und den Eltern zu suchen und alles gut zu dokumentieren. Wenn die Vermutung nicht ausgeräumt werden kann und sich konkretisiert, ist das Jugendamt zu informieren. Dies sollte, wenn irgend möglich, mit Zustimmung der Eltern geschehen. Wenn diese die Kooperation verweigern, sollten sie trotzdem über das Informieren des Jugendamtes durch die Schule im Vorfeld in Kenntnis gesetzt werden, soweit dadurch der Schutz des Kindes bzw. der oder des Jugendlichen nicht infrage gestellt wird.

In Kindertagesstätten ist das Vorgehen ähnlich gestaltet – und zwar aufgrund der mit dem öffentlichen Träger der Jugendhilfe zu schließenden sogenannten 8a-Vereinbarungen (siehe Seite 34): Bei einem Verdacht schätzen Sie stets im Zusammenwirken mit einer insoweit erfahrenen Fachkraft (und ggf. gemeinsam mit den Erziehungsberechtigten und dem betroffenen Kind bzw. der oder dem betroffenen Jugendlichen) das Gefährdungsrisiko ab und wirken auf die Inanspruchnahme von Hilfen hin. Sollte die Gefährdungslage dennoch fortbestehen, ist das Jugendamt zu informieren, damit dieses seinem Schutzauftrag nachkommen kann.

Ob eine Strafanzeige gestellt wird, ist gut zu überlegen, da diese bei Offizialdelikten nicht zurückgezogen werden kann. Eine Anzeigepflicht gibt es, wie in Kapitel 5 bereits beschrieben, nicht. Grundsätzlich ist auch zu bedenken, dass Ziel der Strafverfolgungsbehörden die Strafverfolgung ist und nicht primär die Sicherung des Kindeswohls. Es geht Strafverfolgungsbehörden also darum, einem Täter bzw. einer Täterin ein konkretes Verhalten nachzuweisen. Dies gestaltet sich in der Praxis aber oft schwierig, gerade auch bei emotionaler Misshandlung und Vernachlässigung, weil Anzeichen hier unter anderem weniger gut medizinisch belegbar sind. Bei körperlichen Misshandlungen steht in Strafverfahren relativ häufig Aussage gegen Aussage, und letztlich müssen Gerichte dann immer wieder auch Verfahren einstellen oder die Angeklagten freisprechen. Das Kindeswohl ist also durch Strafverfahren nicht unbedingt sichergestellt. Dafür bleibt weiterhin das Jugendamt zuständig. Hilfen für Kinder und Familien kann das Strafgericht aber nicht installieren, und das ist auch nicht dessen Aufgabe. Gleichwohl kann eine Verurteilung in Strafverfahren das Unrecht solcher Handlungen deutlich machen und hat somit auch eine wichtige Funktion.

6.4 Was können Kinder und Jugendliche selbst tun?

Die Deutsche Gesellschaft für Kinderschutz in der Medizin (DGKiM) hat eine App entwickelt, die altersgerecht über Kinderrechte, mögliche Anlaufstellen und Handlungsmöglichkeiten bei Kindesmisshandlung informiert (www.pilani.de).

Auch Beratungsstellen beraten Kinder und Jugendliche – auf Wunsch auch ohne Wissen ihrer Eltern. Als erste Anlaufstelle hilft zudem das Hilfetelefon Nummer gegen Kummer (www.nummergegenkummer.de), das neben einer telefonischen Beratung unter 116 111 auch einen Chat und eine Onlineberatung anbietet.

Kinder und Jugendliche können sich jederzeit auch selbst an das Jugendamt wenden. Sie haben einen Rechtsanspruch auf Beratung in Not- und Konfliktlagen, sogar ohne dass die Eltern hierüber in Kenntnis gesetzt werden (§ 8 Abs. 3 SGB VIII). Sogar die Inobhutnahme auf eigenen Wunsch ist nach § 42 Abs. 1 Nr. 1 SGB VIII möglich (siehe auch Kapitel zu den rechtlichen Rahmenbedingungen auf Seite 33).

Grundsätzlich sind alle Fachkräfte gehalten, Kinder und Jugendliche anzuhören und ernst zu nehmen, wenn ihre Belange betroffen sind.

6.5 Was können Ärzt*innen und Psychotherapeut*innen tun?

Wenn ein Verdacht auf eine körperliche Misshandlung vorliegt, können nur Ärzt*innen eine Aussage darüber treffen, ob es sich eventuell um eine misshandlungsbedingte Verletzung handelt. Dies kann von medizinischen Laien nicht entschieden werden. Das Kind bzw. der oder die Jugendliche sollte in diesen Fällen also ärztlich vorgestellt werden. Auch eine Vernachlässigung kann bisweilen Folgen haben, die eine medizinische Behandlung notwendig machen, so z.B. ein schlechter Ernährungszustand, Hautkrankheiten oder schwere Karies. In vielen Städten gibt es in Kinderkliniken spezielle Kinderschutzambulanzen, die auf (Verdachts-)Fälle von Misshandlung, Vernachlässigung und sexuellem Missbrauch spezialisiert sind. Ärzt*innen in Kinderschutzambulanzen nehmen auch eine Fotodokumentation vor. Diese ist gerade im Kontext einer möglichen Strafanzeige wichtig.

Auch im medizinischen und psychotherapeutischen Bereich sind Kinder und Jugendliche altersgerecht und möglichst weitgehend in alle Entscheidungen einzubeziehen. Im medizinischen Bereich spricht man von der sogenannten Einwilligungsfähigkeit. Sie ist nicht an strenge Altersgrenzen gebunden, sondern hängt vielmehr davon ab, ob Jugendliche in der Lage sind, die Tragweite von Entscheidungen ebenso weitsichtig zu begreifen, wie das durchschnittliche Volljährige könnten. Beispielsweise sind Jugendliche ab 15 Jahren berechtigt, auch ohne ihre Eltern Leistungen der gesetzlichen Krankenversicherung in Anspruch zu nehmen. Einwilligungsfähige Jugendliche brauchen für eine ärztliche oder therapeutische Versorgung auch nicht die Einwilligung ihrer Eltern. Dabei ist aber zu beachten, dass im Falle einer privaten Krankenversicherung die Eltern als Vertragspartner der Versicherung in jedem Falle von der Behandlung erfahren.

Grundsätzlich stehen Ärzt*innen sowie Psychotherapeut*innen zur Verfügung, wenn zu befürchten ist, dass Kindern oder Jugendlichen seelischer oder körperlicher Schaden zugefügt wurde. Es ist bei einer Vorstellung dann unbedingt notwendig, dass ehrlich geschildert wird, was passiert ist. Gleichzeitig müssen betroffene Minderjährige das Gefühl haben, dass sie sich umfassend den Ärzt*innen bzw. Psychotherapeut*innen anvertrauen dürfen, ohne dabei die Eltern zu „verraten". Grundsätzlich sind diese Fachkräfte an eine strenge Schweigepflicht gebunden. Wenn sie jedoch Sorge haben, dass dem Kind bzw. der oder dem Jugendlichen weiterer Schaden droht, haben sie das Recht, nach dem oben beschriebenen schrittweisen Vorgehen das Jugendamt zu informieren (siehe auch Kapitel 5.1). Dies ist für viele Eltern zunächst einmal unangenehm. Es ist aber dann notwendig, wenn eine ernsthafte Sorge um das Kind bzw. die oder den Jugendlichen besteht, die gemeinsam mit den Eltern nicht ausreichend ausgeräumt werden kann. Trotz der vielleicht bestehenden ersten Verärgerung ist eine möglichst offene Zusammenarbeit mit den Eltern notwendig, um dem Jugendamt eine sorgfältige Prüfung eines möglichen Unterstützungsbedarfes zu erlauben.

Es kann Situationen geben, in denen es wichtig ist, entstandene Verletzungen bei Kindern bzw. Jugendlichen nicht nur medizinisch zu behandeln, sondern auch sorgfältig zu dokumentieren – insbesondere dann, wenn zunächst nicht klar ist, ob Verletzungen durch Misshandlungen entstanden sind, oder wer diese verursacht hat. Dafür überweist die behandelnde Kinderärztin bzw. der behandelnde Kinderarzt in der Regel an ein spezialisiertes Zentrum, das eine möglichst umfassende Einschätzung mit einem Team von Ärzt*innen, Psychotherapeut*innen und Sozialarbeiter*innen erstellt und dokumentiert. Beispielsweise dann, wenn in einem hochstrittigen Trennungskonflikt beide Eltern einander vorwerfen, das Kind zu misshandeln oder ihm anderweitig zu schaden, ist eine Einschätzung hilfreich, in welcher Weise das Kind gefährdet ist und welche Belastung dem Kind durch den Elternkonflikt selbst entsteht.

Im weiteren Verlauf, nachdem die Gefährdung abgewendet und die Sicherheit der betroffenen Kinder und Jugendlichen wiederhergestellt ist, ist es die Aufgabe von Ärzt*innen und Psychotherapeut*innen, sorgfältig abzuklären, ob die Kinder und Jugendlichen behandlungsbedürftige Folgeerscheinungen entwickelt haben. Die Diagnostik und die evtl. nötige Therapie psychischer Folgestörungen von Misshandlung und Vernachlässigung werden von Kinder- und Jugendlichenpsychotherapeut*innen sowie von Fachärzt*innen für Kinder- und Jugendpsychiatrie und -psychotherapie durchgeführt. Sie erheben im Gespräch und mithilfe von Fragebögen und klinischen Interviews zunächst alle wichtigen Informationen über die bisherige Entwicklung des Kindes bzw. der oder des Jugendlichen, über die erlebte Misshandlung oder Vernachlässigung und über (seitdem eingetretene) Auffälligkeiten oder Veränderungen im Verhalten und Befinden. Gibt es Hinweise auf anhaltende Symptome, und es wird eine psychische Störung diagnostiziert, können passende Behandlungen erläutert und eingeleitet werden.

Bei der Suche nach einer Behandlungs- bzw. Therapiemöglichkeit sollte darauf geachtet werden, bei misshandlungs- und vernachlässigungsbezogenen Gesundheitsfragen nur zum Heilberuf zugelassene (approbierte) und fachkundige Ärzt*innen sowie Psychotherapeut*innen aufzusuchen. Diese sollten die Zulassung zur Versorgung gesetzlich krankenversicherter Personen besitzen, damit die Behandlungskosten von den Krankenkassen übernommen werden. Im Zweifelsfall können bei der Anmeldung die Informationen über Approbation und Kostenübernahme durch die Krankenkassen direkt erfragt werden. Außer der Erfüllung der genannten formalen Voraussetzungen ist es von Vorteil, wenn Ärzt*innen und Psychotherapeut*innen sich in wissenschaftlich begründeten Therapiemethoden für traumatisierte Kinder und Jugendliche auskennen und diese Methoden auch anbieten können. Für die Behandlung von misshandelten, missbrauchten und vernachlässigten Kindern und Jugendlichen mit Traumafolgestörungen, wie unter anderem der posttraumatischen Belastungsstörung, sind traumafokussierte Psychotherapiemethoden am besten wissenschaftlich abgesichert. Erfragen Sie idealerweise vor dem Beginn einer Therapie, welche Therapiemethoden angewendet werden, und erbitten Sie für sich und das Kind Informationen über die vorgeschlagene Therapie. Seien Sie zurückhaltend, wenn Therapeut*innen ihren Behandlungsplan nicht erklären oder begründen wollen oder können. Eine besondere Fort- und Weiterbildung in der psychotherapeutischen Versorgung von Kindern und Jugendlichen mit Belastungsstörungen wird von Inhaber*innen eines entsprechenden Zertifikats der Deutschsprachigen Gesellschaft für Psychotraumatologie nachgewiesen (siehe Anhang, Seite 62). Ab 2021 sind die Bundesländer gesetzlich durch das neue Soziale Entschädigungsrecht (zukünftiges SGB XIV) dazu angehalten, flächendeckend Traumaambulanzen für von Gewalt betroffene Personen aufzubauen. Diese Traumaambulanzen können als erste Anlaufstellen für betroffene Kinder und Jugendliche Diagnostik, Beratung und erste Therapiemaßnahmen nach Bedarf und ohne längere Wartezeiten durchführen.

6.6 Wie ist vorzugehen, wenn es zu Gewalt in der Institution gekommen ist?

Wenn Kinder und Jugendliche in Schulen, Kindergärten oder anderen Einrichtungen Gewalt ausgesetzt sind, kann diese entweder von Gleichaltrigen oder von Fachkräften ausgehen. Nachfolgend wird ausschließlich die Gewalt von Fachkräften gegen Kinder und Jugendliche behandelt. Grundsätzlich ist es in solchen (Verdachts-)Fällen Aufgabe der Einrichtung, den Sachverhalt zu klären und notwendige Maßnahmen zum Schutz der Kinder und Jugendlichen und auch gegen mutmaßliche Täter*innen einzuleiten. Hier haben Einrichtungen unter anderem verschiedene personalrechtliche Möglichkeiten.

Eltern sollten zunächst das Gespräch mit einer vertrauenswürdigen und handlungsbefugten Person in der Einrichtung suchen (z. B. der Schul- oder Kindergartenleitung). Viele Einrichtungen haben sogenannte Schutzkonzepte, in denen Verhaltensweisen, Regeln und Abläufe zum Schutz aller Beteiligten vor Grenzverletzungen und Gewalt enthalten sind. In einem Fall von (vermuteter) Gewalt können und müssen bestimmte im Schutzkonzept festgehaltene Abläufe eingehalten und abgearbeitet werden. Dies sollte konkret erfragt werden. Üblicherweise sollten auch externe Ansprechpartner*innen benannt sein, die solche Prozesse moderieren können.

In Fällen, in denen die Gespräche in der Einrichtung nicht zur Klärung bzw. zum ausreichenden Schutz führen, kann und sollte die jeweilige Aufsicht führende Behörde eingeschaltet werden. Das ist bei Kindergärten und Tagesbetreuungseinrichtungen in der Regel das Landesjugendamt und bei Schulen die Schulbehörde. Die Kita-Aufsicht und die Schulaufsicht sind meist konkrete Anlaufstellen in diesen Behörden.

Wenn das eigene Kind Opfer von Gewalt wird, ist das für die Eltern eine erhebliche Belastung. Dies ist den betroffenen Kindern wohl bewusst und stellt einen möglichen Grund dar, warum sich Kinder ihren Eltern oft zunächst gar nicht anvertrauen. Dieser Befürchtung können Eltern früh begegnen, indem sie Themen wie Gewalt und Mobbing altersgerecht, aber offen und sachlich besprechen. So entsteht bei den Kindern nicht der Eindruck des „unaussprechlich Schlimmen". Schildern Kinder dann konkrete Gewalterfahrungen, dürfen und sollen Eltern natürlich betroffen und authentisch reagieren, ohne jedoch die eigene Betroffenheit in den Mittelpunkt der Gespräche und des

Handelns zu stellen. Eltern sollten mit ihrem Kind offen über das Erlebte sprechen, ihm das Gespräch immer wieder anbieten, ohne es jedoch zum Erzählen zu drängen. Eltern müssen keine Patentrezepte zur Lösung liefern können, und ältere Kinder wissen auch, dass Eltern Probleme nicht einfach verschwinden lassen können. Aber wenn Eltern Glauben schenken, Verantwortung übernehmen und sich aktiv um eine Lösung bemühen, kann das bereits für sich genommen einen wichtigen und hilfreichen Aspekt bei der Verarbeitung des Erlebten darstellen. Dabei sollten sich Eltern Unterstützung holen. Hierfür stehen z.B. schulpsychologische Dienste bzw. Schulsozialarbeiter*innen oder ähnliche Einrichtungen zur Verfügung, die ggf. auch moderierend zwischen Eltern und Einrichtungsleitung auftreten können. Auch spezialisierte Beratungsstellen, wie z.B. der Weiße Ring, können wertvolle Unterstützung leisten.

Schutzkonzeptentwicklung in Institutionen

Wenn ein Fall abgeschlossen ist, sollte unbedingt eine Aufarbeitung in der Institution stattfinden. Erfahrungen aus dem medizinischen Bereich zeigen, dass ein Verdacht gegen bestimmte Fachkräfte in den Teams häufig über eine lange Zeit bekannt war, bevor Vorgesetzte informiert wurden. Es muss also eine Auseinandersetzung im Team darüber stattfinden, wie es zu den Gewalthandlungen kommen konnte, und Maßnahmen ergriffen werden, solche Fälle in Zukunft zu verhindern. Auch die Prüfung, ob und wie ein bestehender Handlungsplan und die konkrete Intervention in diesem Fall funktioniert haben, sollte Teil des Aufarbeitungsprozesses sein.

Wenn in Ihrer Einrichtung noch kein Schutzkonzept existiert, kann das Lesen dieses Ratgebers ein guter Anlass sein, ein entsprechendes Schutzkonzept anzuregen. Der Unabhängige Beauftragte für Fragen des sexuellen Kindesmissbrauchs hat im Rahmen der Initiative „Kein Raum für Missbrauch“ Materialien und Hilfestellungen für die Entwicklung von Schutzkonzepten, die sich auf alle Formen von Gewalt und Grenzverletzung beziehen, auf seinen Internetseiten zusammengestellt (www.kein-raum-fuer-missbrauch.de).

Grundsätzlich ist es auch sinnvoll, Gewalt und Gewaltprävention zum Thema in der eigenen Einrichtung zu machen und mit den Kindern und Jugendlichen dazu präventiv zu arbeiten. Dies erfüllt einen doppelten Zweck: einerseits den

Kindern und Jugendlichen aufzuzeigen, an wen sie sich bei Gewalterfahrung wenden können und dass ihnen geholfen wird, sowie andererseits potenzielle Täter*innen abzuschrecken, indem eine Öffentlichkeit geschaffen wird, die Gewalt im Verborgenen schwieriger macht.

6.7 Welche anderen Hilfen gibt es?

Das örtliche Jugendamt ist, wie bereits beschrieben, für die Garantie des Kindeswohls zuständig, wenn sorgeberechtigte Eltern nicht zur Abwendung einer Kindeswohlgefährdung durch oder nach Misshandlung und Vernachlässigung in der Lage sind (siehe Kapitel 5.1). Es ergreift die akut notwendigen Maßnahmen zum Schutz des Kindes bzw. der oder des Jugendlichen, möglichst im Einvernehmen mit den Betroffenen und den Sorgeberechtigten, andernfalls auch mit Anrufung des Familiengerichts. Jedoch stehen dem Jugendamt neben den akuten Maßnahmen eine ganze Bandbreite von längerfristigen und auch niedrigschwelligeren Hilfe- und Unterstützungsmaßnahmen zur Verfügung, die sowohl der Familie und den Eltern als auch direkt dem Kind bzw. der oder dem Jugendlichen gewährt werden können. Diese Hilfen umfassen u. a. Erziehungs- oder Jugendberatung, aufsuchende Unterstützung für Familien durch sozialpädagogische Familienhilfen oder Erziehungsbeistandschaften für Jugendliche.

Psychologische Beratungsstellen für Eltern, Kinder und Jugendliche, Erziehungsberatungsstellen und auf Kinderschutz bzw. Misshandlung und Vernachlässigung oder auf die Beratung von Gewaltopfern spezialisierte Anlauf- und Beratungsstellen bieten Betroffenen niedrigschwelligen, oft auch telefonischen Rat. Entsprechende Kontaktadressen finden sich beispielhaft im Anhang auf Seite 61 bis 64.

Für Eltern von kleinen Kindern bis drei Jahren gibt es bereits ab dem Zeitpunkt der Schwangerschaft die sogenannten Frühen Hilfen. Die Angebote sind niedrigschwellig und richten sich grundsätzlich an alle (werdenden) Eltern, insbesondere aber an Familien in belastenden Lebenslagen. Frühe Hilfen dienen der Stärkung der elterlichen Beziehungs- und Erziehungskompetenz. Sie bieten Eltern Unterstützung, Beratung und Begleitung. Ziel ist es, jedem Kind eine gesunde Entwicklung und ein gewaltfreies Aufwachsen zu ermöglichen. Die gesetzliche Grundlage der Frühen Hilfen findet sich im Bundeskinderschutzgesetz. Akteur*innen und Angebote kommen insbesondere aus dem Bereich der Kinder- und Jugendhilfe, dem Gesundheitswesen, der Frühförderung und der Schwangerschaftsberatung. Fachkräfte dieser Bereiche arbeiten eng zusammen, um Eltern bei der Betreuung und Förderung ihrer Kinder zu unterstützen. Sie werden in lokalen Netzwerken koordiniert. Netzwerkkoordinator*innen vor Ort sind geeignete Ansprechpartner*innen.

Ist durch die Misshandlung oder die Vernachlässigung ein nachweislicher Schaden für das Opfer entstanden, können Schadensersatzansprüche gegen Schädigende oder unter bestimmten Umständen ersatzweise gegen den Staat nach dem Sozialen Entschädigungsrecht (zukünftig gemäß SGB XIV) geltend gemacht werden. Denkbar sind z. B. Rentenzahlungen oder Übernahme von Behandlungs- oder Betreuungskosten, die nicht anderweitig abgedeckt sind. Eine Strafanzeige ist keine Voraussetzung für die Entschädigung. Ansprüche im Rahmen des Sozialen Entschädigungsrechts werden vom zuständigen Versorgungsamt geprüft und beschieden, oft auf Grundlage von Sachverständigengutachten. Auch bei gerichtlichen Auseinandersetzungen um Ansprüche der Opfer gegen den Staat oder Schädigende werden in der Regel Sachverständigengutachten eingeholt.

Aufgrund der komplizierten rechtlichen Regelungen in den verschiedenen Gesetzbüchern (siehe Kapitel 5.1) kann im Einzelfall eine Rechtsberatung bzw. eine Vertretung durch Fachanwält*innen sinnvoll sein. Bei familiengerichtlichen Auseinandersetzungen kann das Gericht eine Verfahrensbeistandschaft anordnen, wobei Verfahrensbeistand*innen die Aufgabe übernehmen, den Rechten und Interessen des Kindes im laufenden Verfahren Beachtung zu verschaffen.

6.8 Was ist überflüssig oder gar kontraproduktiv?

Bei allen Maßnahmen, unabhängig von der Rolle der Handelnden, sollte man einen alten Grundsatz aus der Medizin beherzigen: „Zuerst nicht (noch mehr) schaden" (lateinisch: „Primum non nocere"). Kinder und Jugendliche, die Opfer von Gewalt geworden sind, haben in der Regel die Erfahrung einer großen Ohnmacht und Missachtung ihrer Grenzen gemacht. Dies darf sich im Kontakt mit wohlmeinenden Fachkräften oder durch unüberlegt handelnde Eltern oder Erwachsene aus dem Umfeld nicht fortsetzen. Damit ist nicht gemeint, dass sich die beteiligten Erwachsenen nicht auch über den Willen der Betroffenen hinwegsetzen dürfen (zumindest, wenn diese nicht einwilligungsfähig sind). Manche Entscheidungen müssen für Kinder bzw. Jugendliche getroffen werden, weil sie dies allein schon aus Loyalität, z. B. den Eltern gegenüber, nicht selbst tun können. Aber bei allen Maßnahmen müssen die Grenzen und Bedürfnisse der Kinder und Jugendlichen respektiert werden, und sie müssen darüber informiert werden, was geschieht und warum. Konkret kann das z. B. heißen: Eine Lehrkraft kann aus ihrer Verantwortung für ein Kind entscheiden, dass sie mit den Eltern des Kindes darüber spricht, dass das Kind ihr berichtet hat, zu Hause geschlagen zu werden. Auch wenn ein Kind das nicht möchte, ist es nötig, dies anzusprechen, um es schützen zu können. Das Kind sollte aber auf jeden Fall darüber informiert werden, dass ein solches Gespräch geführt wird. Ein weiteres Beispiel ist, dass Eltern aus ihrer Verantwortung für ihr Kind und gegen seinen Willen die Entscheidung für eine Strafanzeige treffen können. Aber das Kind entscheidet, ob es mit der Polizei oder anderen Beteiligten reden möchte oder sich einer körperlichen Untersuchung unterzieht.

Ähnliches gilt für die Eltern – sie sind die wichtigsten Bezugspersonen für ihr Kind. Gespräche oder Entscheidungen von Fachkräften sollen nicht *über*, sondern *mit* den Eltern stattfinden. Daraus erwächst für Eltern gleichzeitig eine große Verantwortung: Bei schwierigen Entscheidungen, die das Kind betreffen, konsequent die Bedürfnisse des Kindes von den eigenen Bedürfnissen trennen zu können und nach den Bedürfnissen des Kindes zu handeln, gehört zu den schwierigsten Aufgaben der Elternschaft. Gerade in Krisenzeiten brauchen Kinder das dringend.

7 Wie kann man Kinder und Jugendliche vor Misshandlung und Vernachlässigung schützen?

7.1 Verantwortung für Kinder und Jugendliche

Die Verantwortung für Kinder und Jugendliche liegt bei den Erwachsenen. Sie müssen für sie sorgen und sie schützen. Zunächst sind das an erster Stelle natürlich die Eltern bzw. die Sorgeberechtigen. Zudem steht im deutschen Grundgesetz in Artikel 6, dass die staatliche Gemeinschaft darüber wacht, ob Eltern bzw. Sorgeberechtigte ihren Pflichten in der Erziehung ihrer Kinder nachkommen. Die Behörde, die diese sogenannte „Wächterfunktion" ausführt, ist das Jugendamt (siehe auch Kapitel 5.1). Über die Eltern und Sorgeberechtigten hinaus ist es somit wichtig, dass alle Erwachsenen aufmerksam sind und mit darauf achten, ob es Hinweise gibt, dass Kinder oder Jugendliche in ihrem sozialen Umfeld, in der Familie, der Nachbarschaft, im beruflichen oder ehrenamtlichen Umfeld etc. gefährdet oder nicht gut versorgt sind (sogenannte Verantwortungsgemeinschaft). Wenn Erwachsene Hinweise oder die Vermutung haben, dass Minderjährige in ihrem Umfeld gefährdet sein könnten, sollten sie handeln, um den mutmaßlich betroffenen Minderjährigen zu helfen (siehe auch Kapitel 5.1 und Kapitel 6). Betroffene Kinder und Jugendliche brauchen in ihrem Umfeld aufmerksame und handelnde Erwachsene, weil sie sich allein nicht aus einer Situation, in der sie misshandelt oder vernachlässigt werden, herausbringen können.

Wenn Eltern, Sorgeberechtigte oder andere Personen, die Verantwortung für Kinder und Jugendliche haben, bei sich selbst bemerken, dass sie mit dieser Aufgabe überfordert sind und an ihre Grenzen geraten, sollten sie sich unbedingt Hilfe holen (siehe Kapitel 6).

7.2 Kinder und Jugendliche stärken

Da es natürlich nicht möglich ist, Kinder und Jugendliche jederzeit vor allem zu schützen, ist es wichtig, sie zu stärken, sodass sie in einer für sie belastenden Situation in der Lage sind, sich Hilfe zu holen.

- *Kinder und Jugendliche sollten ihre Rechte kennen:* Wenn Kinder und Jugendliche ihre Rechte kennen (z. B. UN-Kinderrechtskonvention, Recht auf gewaltfreie Erziehung), können sie besser einschätzen, wenn diese verletzt werden und ihnen Unrecht getan wird. Gespräche und Diskussionen über die Rechte von Kindern und Jugendlichen sollten auf jeden Fall in alters- und entwicklungsgerechter Art und Weise in der Schule und weiteren Institutionen, die mit Kindern und Jugendlichen arbeiten oder sie betreuen, wie z. B. kirchlichen oder Jugendgruppen im Freizeitbereich, aber auch in der Familie geführt werden (für beispielhafte Materialien siehe Anhang auf Seite 60 bis 61).
- *Kinder und Jugendliche sollten mögliche Ansprechpartner*innen oder Anlaufstellen bei Problemen kennen:* Kinder und Jugendliche brauchen verlässliche Erwachsene in ihrem Umfeld, zu denen sie bei Problemen und Schwierigkeiten kommen und mit ihnen offen reden können. Ein vertrauensvolles Verhältnis zu den Eltern und/oder anderen erwachsenen Familienmitgliedern, Erzieher*innen, Lehrkräften, Sporttrainer*innen, Gruppenleiter*innen etc. kann es Kindern und Jugendlichen erleichtern, sich Hilfe zu holen, wenn sie Gewalt oder Vernachlässigung erfahren. Das Wissen über die Erreichbarkeit weiterer institutionalisierter Anlaufstellen, wie telefonischer Beratung für Kinder und Jugendliche, Vertrauenslehrkräfte, Schulsozialarbeiter*innen, Jugendamt bis hin zur Polizei kann Kindern und Jugendlichen helfen, die in ihrem persönlichen Umfeld keine Personen haben, an die sie sich wenden können.
- *Kinder und Jugendliche sollten einen positiven Selbstwert und Selbstvertrauen entwickeln:* Kinder und Jugendliche mit Selbstvertrauen und einer positiven Einstellung zu sich selbst tun sich leichter dabei, anderen ihre Grenzen aufzuzeigen und sich bei Grenzverletzungen sowie bei Gewalt und Vernachlässigung Hilfe zu holen. Bezugspersonen innerhalb der Familie, der Kita und der Schule, aber auch aus dem weiteren sozialen Umfeld sollten daher Kinder und Jugendliche in der Entwicklung von Selbstbestimmung, Autonomie und einer positiven Einstellung sich selbst gegenüber unterstützen.

Merke

Wichtig ist, anzuerkennen, dass es keine hundertprozentig sicheren Präventionsmethoden gibt. Misshandlung und Vernachlässigung können durch Präventionsmaßnahmen und die Stärkung von Kindern und Jugendlichen nicht Verantwortung, falls Misshandlung oder Vernachlässigung geschehen. Die Verantwortung liegt stets bei den misshandelnden oder vernachlässigenden Personen!

Anhang

Zitierte Literatur

Clemens, V., Sachser, C., Weilemann, M. & Fegert, J.M. (2020). *20 Jahre gewaltfreie Erziehung im BGB. Aktuelle Einstellungen zu Körperstrafen und elterliches Erziehungsverhalten in Deutschland. Ein Blick auf Veränderungen seit der parlamentarischen Entscheidung von 2000.* Verfügbar unter: https://www.unicef.de/blob/230562/314ffe70bc27976f06b46014339c2f0e/1911-studie-gewalt-data.pdf

Felitti, V.J., Fink, P.J., Fishkin, R.E. & Anda, R.F. (2007). Ergebnisse der Adverse Childhood Experiences (ACE)-Studie zu Kindheitstrauma und Gewalt. *Trauma & Gewalt, 1*(2), 18-32.

Radewagen, C. (2020). Schutzauftrag des Jugendamts bei Kindeswohlgefährdung nach §§ 8a, 42 SGB VIII. *Zeitschrift für Kindschaftsrecht und Jugendhilfe, 8,* 295–301. Verfügbar unter: https://www.reguvis.de/fileadmin/FamSoz-Portal/Dokumente/Beitraege/Radewagen_ZKJ_08_2020_Online_final_KwSch_druckfaehig.pdf

Rassenhofer, M., Hoffmann, U., Hermeling, L., Berthold, O., Fegert, J.M. & Ziegenhain, U. (2020). *Misshandlung und Vernachlässigung* (Leitfaden Kinder- und Jugendpsychotherapie, Band 28). Göttingen: Hogrefe. https://doi.org/10.1026/02668-000

Weiterführende Literatur und Materialien

- Das Bundesministerium für Familie, Senioren, Frauen und Jugend bietet Pixi-Bücher zu verschiedenen Themen an, darunter auch das Buch *Niemand darf uns wehtun.* Bestellt werden können die Bücher kostenfrei über das Deutsche Kinderhilfswerk: https://www.dkhw.de/schwerpunkte/demokratiebildung-von-anfang-an/pixi-buchreihe/
- ZDF und Bundesministerium für Familie, Senioren, Frauen und Jugend (2019). *Die Rechte der Kinder. Von Logo! Einfach erklärt.* Verfügbar unter: https://www.bmfsfj.de/blob/93522/ed8aabee818b27d14a669b04b0fa5beb/die-rechte-der-kinder-logo-data.pdf
- Deutsches Kinderhilfswerk e.V. *Das ist Kindersache. Kinderrechte.* Verfügbar unter: https://www.kindersache.de/bereiche/kinderrechte/kinderrechte
- Lobe, M. (2010). *Die Sache mit dem Heinrich.* Wien, Österreich: Verlag Jungbrunnen GmbH.

- UNICEF e. V. *Unterrichtsmaterial zum Thema Kinderrechte.* Verfügbar unter: https://www.unicef.de/informieren/schulen/unterrichtsmaterial/-/kinderrechte/107392

Wichtige Adressen und Anlaufstellen

- *Bundesarbeitsgemeinschaft und Landesstellen Jugendschutz:* Jugendschutzstellen auf Landes- und Bundesebene betreiben gemeinsam diese Seite und bieten Informationen und Unterstützung an für Fachkräfte aus Jugendhilfe und Schule, Eltern sowie alle, die mit Kindern und Jugendlichen arbeiten. Die Jugendschutzstellen haben es sich zur Aufgabe gemacht, die Rechte und Chancen von Kindern und Jugendlichen auf eine gesunde Entwicklung zu sichern und ihre Erziehung zu einer eigenverantwortlichen und gemeinschaftsfähigen Persönlichkeit zu fördern. Unter www.jugendschutzlandesstellen.de findet sich untergliedert nach Bundesland eine Liste aller Anlaufstellen.
- *Bundeskonferenz für Erziehungsberatung e.V.:* Die Bundeskonferenz für Erziehungsberatung (bke) ist der Fachverband der Erziehungs- und Familienberatung in der Bundesrepublik Deutschland. In ihr sind die Mitarbeiter*innen der Erziehungsberatungsstellen organisiert. Auf der Internetseite www.bke.de befindet sich eine Beratungsstellensuche sowie Links zur bke-Onlineberatung für Eltern (https://eltern.bke-beratung.de) und Jugendliche (https://jugend.bke-beratung.de).
- *Bundesministerium für Familie, Senioren, Frauen und Jugend:* Auf der Homepage des BMFSFJ (www.bmfsfj.de) sind aktuelle Berichte über politische Aktivitäten sowie Publikationen und weiterführende Informationen zu den Themen Kinderschutz und Frühe Hilfen zu finden.
- *Bundeszentrale für gesundheitliche Aufklärung:* Unter www.kindergesundheit-info.de, einer Internetseite der Bundeszentrale für gesundheitliche Aufklärung, finden Eltern und Fachkräfte zahlreiche Informationen zur Förderung einer gesunden Entwicklung von Kindern und Jugendlichen.
- *Deutsche Arbeitsgemeinschaft für Ehe- und Jugendberatung:* Die Arbeitsgemeinschaft bietet einen Online-Führer für Beratungsangebote verschiedener Themenschwerpunkte nach Postleitzahl oder Ortsangabe an unter www.dajeb.de/beratungsfuehrer-online/beratung-in-ihrer-naehe.

- *Deutsche Gesellschaft für Kinderschutz in der Medizin e. V.:* Die DGKiM (www.dgkim.de) ist eine Organisation der Kinderheilkunde, die sich aus mehreren Bereichen der Medizin und darüber hinaus zusammensetzt. Ihr Ziel ist, die wissenschaftliche, klinische und praktisch-ärztliche Arbeit auf dem Gebiet der Erkennung und Verhinderung von Gewalt an und Vernachlässigung von Kindern und Jugendlichen zu fördern. Weiterhin versteht sich die DGKiM als Ansprechpartner für Fragen aus Politik, Versicherungs- und Krankenhauswesen sowie als Kooperationspartner zur Beantwortung offener Fragen aus Ämtern und Ministerien, die sich mit dem Thema medizinischer Kinderschutz beschäftigen.
- *Deutsche Gesellschaft für Prävention und Intervention bei Kindesmisshandlung und Vernachlässigung:* Die DGfPI ist ein Zusammenschluss von ca. 700 Fachkräften (Einzelpersonen und Institutionen) aus dem gesamten Bundesgebiet und dem angrenzenden Ausland, die sich gemeinsam zum Ziel gesetzt haben, aktiv für eine Verbesserung des Kinderschutzes einzutreten. Unter www.dgfpi.de finden sich Informationen zu Hilfsangeboten. Die DGfPI bietet ein Forum für Angehörige aller Berufsgruppen, die in ihrer alltäglichen Arbeit mit den verschiedenen Formen von Kindesmisshandlung und -vernachlässigung Verantwortung tragen und mit den Betroffenen sowie deren Familien arbeiten.
- *Deutscher Kinderschutzbund:* Der Deutsche Kinderschutzbund (DKSB) setzt sich für die Rechte aller Kinder und Jugendlichen in Deutschland ein. Auf der Internetseite www.dksb.de finden sich eine Übersicht über die Schwerpunkte des DKSB, aktuelle Projekte und Angebote, sowie eine Suchfunktion, um den zuständigen DKSB-Ortsverband zu finden.
- *Deutschsprachige Gesellschaft für Psychotraumatologie (DeGPT):* Die DeGPT ist eine berufsübergreifende Fachgesellschaft mit dem Ziel, die Versorgung von traumatisierten Personen zu verbessern. Auf der Homepage der DeGPT finden sich Informationen für Betroffene. Die DeGPT führt Fortbildungsmaßnahmen durch und trägt zur Qualifizierung von Fachkräften bei. Unter der Internetadresse www.degpt.de/therapeutinnen-suche können Therapeut*innen und Fachberater*innen, die eine von der DeGPT zertifizierte Fortbildung durchlaufen haben, nach regionalen Suchkriterien identifiziert werden.
- *Familienportal des Bundesfamilienministeriums:* Neben vielen weiteren hilfreichen Informationen zum Thema Familien können Sie hier anhand Ihrer

Postleitzahl nach regional ansässigen Erziehungs-, Familien- sowie Fachberatungsstellen bei Misshandlung suchen: www.familienportal.de.

- *Hilfe-Portal Sexueller Missbrauch:* Das Hilfe-Portal bietet Betroffenen sexueller Gewalt in Kindheit und Jugend sowie Menschen aus dem Umfeld Betroffener Information, Hilfe und Unterstützung durch eine Datenbank für die Suche von Anlaufstellen vor Ort sowie ein telefonisches und ein Online-Beratungsangebot. https://hilfe-portal-missbrauch.de
- *Kinderschutz-Zentren:* Ein Kinderschutz-Zentrum ist eine Facheinrichtung mit dem Schwerpunkt der Beratung für von Gewalt und schweren Krisen betroffene Kinder und Familien. In einigen Zentren gibt es darüber hinaus ein Angebot von präventiven Hilfen sowie die Möglichkeit der kurzfristigen stationären Unterbringung von Kindern. Die Angebote eines Kinderschutz-Zentrums können von Hilfesuchenden, Institutionen und Fachkräften in Anspruch genommen werden. Auf der Internetseite www.kinderschutz-zentren.org kann bundesweit nach einem Kinderschutzzentrum vor Ort gesucht werden.
- *Medizinische Kinderschutzhotline:* Die Medizinische Kinderschutzhotline (0800 1921000, www.kinderschutzhotline.de) ist ein vom Bundesministerium für Familie, Senioren, Frauen und Jugend (BMFSFJ) gefördertes, bundesweites, kostenfreies und 24 Stunden erreichbares telefonisches Beratungsangebot für Angehörige der Heilberufe, Kinder- und Jugendhilfe und Familiengerichte bei Verdachtsfällen von Kindesmisshandlung, Vernachlässigung und sexuellem Kindesmissbrauch.
- *Nationales Zentrum Frühe Hilfen:* Das NZFH (www.fruehehilfen.de) unterstützt Eltern und Kinder ab Beginn der Schwangerschaft und in den ersten Lebensjahren und dient der Stärkung der elterlichen Beziehungs- und Erziehungskompetenz. Es bietet Eltern Unterstützung, Beratung und Begleitung. Ziel ist es, jedem Kind eine gesunde Entwicklung und ein gewaltfreies Aufwachsen zu ermöglichen.
- *Nummer gegen Kummer: Kinder- und Jugendtelefon (116111) sowie Elterntelefon (0800 1110550):* Nummer gegen Kummer e.V. (www.nummergegenkummer.de) ist die Dachorganisation des größten telefonischen und kostenfreien Beratungsangebots für Kinder, Jugendliche und Eltern. Zusammen mit seinen Mitgliedsorganisationen stellt der Verein mehr als 100 Telefonberatungsstellen in ganz Deutschland bereit. Nummer gegen Kummer e.V. ist Mitglied im Deutschen Kinderschutzbund und bei Child Helpline International.

- *Online-Datenbank für Betroffene von Straftaten:* Diese Internetseite (www.odabs.org) soll Betroffenen von Sexual- oder Gewaltdelikten dabei helfen, Einrichtungen in der Nähe zu finden, die darauf spezialisiert sind, zu helfen. Vor Ort arbeiten Menschen, die die Betroffenen unterstützen, ihnen weiterhelfen und mit denen die Betroffenen über das, was passiert ist, reden können.
- *Pilani:* Pilani ist ein von der Deutschen Gesellschaft für Kinderschutz in der Medizin (DGKiM) entwickeltes Informationsangebot für Kinder und Jugendliche über Kinderrechte und Hilfemöglichkeiten: www.pilani.de.
- *Weißer Ring e. V.:* Der Weiße Ring (www.weisser-ring.de/internet) hilft überall in Deutschland Menschen, die Opfer von Kriminalität und Gewalt geworden sind und kümmert sich auch um die Angehörigen. Der gemeinnützige Verein tritt öffentlich für die Interessen der Betroffenen ein und unterstützt den Vorbeugungsgedanken. Seit seiner Gründung im Jahr 1976 hat der Weiße Ring als einzige bundesweit tätige Opferhilfsorganisation ein flächendeckendes Hilfsnetz für in Not geratene Kriminalitätsopfer aufgebaut. Geschädigte können sich an mehr als 3.000 ehrenamtliche Helfer*innen in 420 Außenstellen an den Weißen Ring wenden.

Buchtipps

Lutz Goldbeck et al.
Ratgeber Sexueller Missbrauch
Informationen für Eltern, Lehrer und Erzieher

(Reihe: „Ratgeber Kinder- und Jugendpsychotherapie“, Bd. 21). 2017, 47 Seiten, Kleinformat, € 8,95 (DE) / € 9,20 (AT) / CHF 11.90
ISBN 978-3-8017-1681-3
Auch als eBook erhältlich

Der Ratgeber beschreibt, was sexueller Missbrauch genau ist und wie Kinder und Jugendliche vor Missbrauch geschützt werden können. Zudem informiert er über Hilfs- und Behandlungsmöglichkeiten.

Albert Lenz et al.
Ratgeber Kinder psychisch kranker Eltern
Informationen für Betroffene, Eltern, Lehrer und Erzieher

(Reihe: „Ratgeber Kinder- und Jugendpsychotherapie“, Bd. 23). 2016, 80 Seiten, Kleinformat, € 9,95 (DE) / € 10,30 (AT) / CHF 13.50
ISBN 978-3-8017-2590-7
Auch als eBook erhältlich

Der Ratgeber liefert Informationen dazu, was resiliente Kinder auszeichnet, und zeigt auf, wie die Widerstandskräfte von Kindern psychisch kranker Eltern gestärkt werden können.

Margarete Bolten et al.
Ratgeber Bindungsstörungen
Informationen für Eltern, Lehrkräfte und weitere Bezugspersonen

(Reihe: „Ratgeber Kinder- und Jugendpsychotherapie“, Bd. 30). 2021, 53 Seiten, Kleinformat, € 8,95 (DE) / € 9,20 (AT) / CHF 12.90
ISBN 978-3-8017-2733-8
Auch als eBook erhältlich

Der Ratgeber bietet verständliche Informationen zu Bindungsstörungen. Er liefert einen Überblick über die Erscheinungsformen, die Ursachen, den Verlauf und die Behandlungsmöglichkeiten dieser Störungsgruppe.

www.hogrefe.com

hogrefe